副刊文丛

主编 李辉 王刘纯

书评面面观
——《大公报》(1935—1937)

李辉 编

中原出版传媒集团
中原传媒股份有限公司

大象出版社
·郑州·

图书在版编目(CIP)数据

书评面面观 / 李辉编.— 郑州：大象出版社，2018.3
(副刊文丛 / 李辉，王刘纯主编)
ISBN 978-7-5347-9557-2

Ⅰ.①书… Ⅱ.①李… Ⅲ.①书评—中国—现代—选集 Ⅳ.①G236

中国版本图书馆 CIP 数据核字 (2017) 第 276681 号

书评面面观

SHUPING MIANMIANGUAN

李　辉　编

出 版 人	王刘纯
项目统筹	李光洁　成　艳
责任编辑	贠晓娜
责任校对	牛志远
封面设计	段　旭
内文设计	杜晓燕

出版发行	大象出版社 (郑州市开元路16号　邮政编码450044)
	发行科　0371-63863551　总编室　0371-65597936
网　　址	www.daxiang.cn
印　　刷	北京汇林印务有限公司
经　　销	各地新华书店经销
开　　本	787mm×1092mm　1/32
印　　张	9.5
版　　次	2018年3月第1版　2018年3月第1次印刷
定　　价	39.00元

若发现印、装质量问题，影响阅读，请与承印厂联系调换。
印厂地址　北京市大兴区黄村镇南六环磁各庄立交桥南200米(中轴路东侧)
邮政编码　102600　　　　电话　010-61264834

"副刊文丛"总序

李 辉

设想编一套"副刊文丛"的念头由来已久。

中文报纸副刊历史可谓悠久,迄今已有百年。副刊为中文报纸的一大特色。自近代中国报纸诞生之后,几乎所有报纸都有不同类型、不同风格的副刊。在出版业尚不发达之际,精彩纷呈的副刊版面,几乎成为作者与读者之间最为便利的交流平台。百年间,副刊上发表过多少重要作品,培养过多少作家,若要认真统计,颇为不易。

"五四新文学"兴起，报纸副刊一时间成为重要作家与重要作品率先亮相的舞台，从鲁迅的小说《阿Q正传》、郭沫若的诗歌《女神》，到巴金的小说《家》等均是在北京、上海的报纸副刊上发表，从而产生广泛影响的。随着各类出版社雨后春笋般出现，杂志、书籍与报纸副刊渐次形成三足鼎立的局面，但是，不同区域或大小城市，都有不同类型的报纸副刊，因而形成不同层面的读者群，在与读者建立直接和广泛的联系方面，多年来报纸副刊一直占据优势。近些年，随着电视、网络等新兴媒体的崛起，报纸副刊的优势以及影响力开始减弱，长期以来副刊作为阵地培养作家的方式，也随之隐退，风光不再。

尽管如此，就报纸而言，副刊依旧具有稳定性，所刊文章更注重深度而非时效性。在新闻爆炸性滚动播出的当下，报纸的所谓新闻效应早已滞后，无法与昔日同日而语。在我看来，唯有副刊之类的版面，侧重于独家深度文章，侧重于作者不同角度的发现，才能与其他媒体相抗衡。或者说，只有副刊版面发表的不太注重新闻时效的文章，才足以让读者静下心，选择合适时间品茗细读，与之达到心领神会的交融。这或许才是一份报纸在新闻之外能够带给读者的最佳阅读体验。

1982年自复旦大学毕业，我进入报社，先是编辑《北京晚报》副刊《五色土》，后是编辑《人民日报》副刊《大地》，长达三十四年的光阴，几乎都是在编辑副刊。除了编辑副刊，我还在《中国青年报》《新民晚报》《南方周末》等的副刊上，开设了多年个人专栏。副刊与我，可谓不离不弃。编辑副刊三十余年，有幸与不少前辈文人交往，而他们中间的不少人，都曾编辑过副刊，如夏衍、沈从文、萧乾、刘北汜、吴祖光、郁风、柯灵、黄裳、袁鹰、姜德明等。在不同时期的这些前辈编辑那里,我感受着百年之间中国报纸副刊的斑斓景象与编辑情怀。

行将退休,编辑一套"副刊文丛"的想法愈加强烈。尽管面临新媒体的挑战,不少报纸副刊如今仍以其稳定性、原创性、丰富性等特点,坚守着文化品位和文化传承。一大批副刊编辑,不急不躁,沉着坚韧,以各自的才华和眼光,既编辑好不同精品专栏,又笔耕不辍,佳作迭出。鉴于此,我觉得有必要将中国各地报纸副刊的作品,以不同编辑方式予以整合,集中呈现,使纸媒副刊作品,在与新媒体的博弈中,以出版物的形式,留存历史,留存文化,便于日后人们借这套丛书领略中文报纸副刊(包括海外)曾经拥有过的丰富景象。

"副刊文丛"设想以两种类型出版,每年大约出版二十种。

第一类:精品栏目荟萃。约请各地中文报纸副刊,挑选精品专栏若干编选，涵盖文化、人物、历史、美术、收藏等领域。

第二类：个人作品精选。副刊编辑、在副刊开设个人专栏的作者，人才济济，各有专长，可从中挑选若干，编辑个人作品集。

初步计划先从20世纪80年代开始编选，然后，再往前延伸，直到"五四新文学"时期。如能坚持多年，相信能大致呈现中国报纸副刊的重要成果。

将这一想法与大象出版社社长王刘纯兄沟通，得到王兄的大力支持。如此大规模的一套"副刊文丛"，只有得到大象出版社各位同人的鼎力相助，构想才有一个落地的坚实平台。与大象出版社合作二十年，友情笃深，感谢历届社长和编辑们对我的支持，一直感觉自己仿佛早已是他们中间的一员。

在开始编选"副刊文丛"过程中，得到不少前辈与友人的支持。感谢王刘纯兄应允与我一起担任丛书主编，感谢袁鹰、姜德明两位副刊前辈同意出任"副刊文丛"的顾问，感谢姜德明先生为我编选的《副刊面面观》一书写序……

特别感谢所有来自海内外参与这套丛书的作者与朋友，没有你们的大力支持，构想不可能落地。

期待"副刊文丛"能够得到副刊编辑和读者的认可。期待更多朋友参与其中。期待"副刊文丛"能够坚持下去，真正成为一套文化积累的丛书，延续中文报纸副刊的历史脉络。

我们一起共同努力吧！

2016年7月10日，写于北京酷热中

目 录

《书评面面观》新版前记　　　　　　　李　辉　1

第一辑　萧乾：一个未完成的梦

未完成的梦	3
书评与批评	10
平衡心	21
知识与品位	27
书评和做人	33
美	43
艺术与道德	52
书评与出版商	57
书评与书评家	60

第二辑　大家谈书评

谈书评	朱光潜	65
我对于书评的感想	沈从文	73
我如果是一个作者	叶圣陶	81
我只有苦笑	巴　金	85
假如我是	李健吾	90
书评家即读者	施蛰存	97
批评家的路	艾　芜	102
书评家的限制	常　风	106
批评与探险	宗　珏	113
读者·书评·书评家	黄　梅	117
书评的内容	李　剑	125
掌握那条绳索的	吕玲心	132

冲出狭窄的风气	冀　南	135
一个图书馆员论书评	碧　茵	139
我们的书评家	王雪茜	143
"集评"更理想些	潘　琳	147
书评和读者	侯金镜	150
通俗化些	铸　颜	156
一位良师	王　瑞	159
不要武断	杨弢亮	161
我们得到了些什么	戈　矛	163

第三辑　书评精选

徐懋庸的《打杂集》	张　庚	169
郁达夫的《出奔》	萧　乾	177

卞之琳的《鱼目集》	刘西渭	187
顾一樵、顾青海的《〈西施〉及其他》	常　风	203
何谷天的《分》	李影心	211
蹇先艾的《城下集》	刘西渭	218
李广田的《画廊集》	刘西渭	222
芦焚的《谷》	李影心	229
朱光潜的《孟实文钞》	常　风	235
毕奂午的《掘金记》	李影心	242
邓以蛰的《西班牙游记》	沈从文	250
李广田的《银狐集》	陈　蓝	256
艾芜的《南行记》《夜景》	黄　照	261
芦焚的《里门拾记》	杨　刚	271
编后记	李　辉	282

《书评面面观》新版前记

李 辉

30年前,撰写萧乾先生传记,读他20世纪30年代编辑的《大公报》副刊。由此知道他对书评极为重视,不仅约请名家、书评家、读者谈什么是书评,还经常发表各种风格的书评文章。

萧乾对书评之所以重视,与他在燕京大学的毕业论文相关。他的毕业论文是《书评研究》。1935年秋天,萧乾经沈从文推荐,到天津《大公报》编辑副刊,同年11月，这本《书评研究》便由商务印书馆纳入王云五主编的"百科小丛书"出版。编辑副刊，恰好为萧乾推广书评讨论和发表书评，提供了一个极好的平台。

当年征得萧乾先生同意，我编选了一本《书评面面观》，交由人民日报出版社于1989年4月出版。一转眼，快30年了。

此次"副刊文丛"启动，因篇幅原因，谨将《书评面面观》予以精选，纳入其中。书评目前已成为诸多纸媒的重要版块，读读前辈们对书评的见解，读读《大公报》副刊当年发表的不同风格书评，或许对书评写作者有所裨益。

写于2017年4月26日，北京看云斋

第一辑

萧乾:一个未完成的梦

未完成的梦

萧 乾

人到老年,一种悲哀,一件憾事,是梦少了,偶尔脑海里冒出点什么,也一晃而过。不知是做梦的机器生了锈,还是由于幻灭得太频繁而干脆罢了工。

年轻时,我曾经是个梦想很多的小伙子。那时钉子碰得还不多,往往不问国情,不顾现实,就让自己的梦尽情驰骋。

距今50多个春秋,也即1934—1935年。我忽然心血来潮，对书评感起兴趣。恰好那时我正需要交一篇毕业论文。身在新闻系而心在文学系的我，就找了个跨在两系之间的边缘题目：书评研究。开头，我挑上它还只不过是为过关。可是钻进去之后，我发现它并不仅仅是报刊上偶尔设置的一个栏目，而是现代文化这巨厦一根不可或缺的梁柱。当时我曾预言："随着读者层的扩大，新闻纸销路的飞增，这势力对于著作界、出版界、读书界，都将具有相当的权威。……终有一天它将像塞克斯机一样会在这古国国土上飞翔起来。"

我有多么乐观，又多么天真啊！

1935年7月，用那论文（就是这里重印的）换到一纸文凭后，我就走马上任去编天津《大公报》的文艺副刊了。近年来李辉同志为了寻觅我过去的足迹，时常钻到北京图书馆旧报刊部故纸堆里，从而发现那些年月里我曾怎样不遗余力地提倡过书评。除了这本小书，我确实还曾充分利用了《大公报》那块园地，声嘶力竭地为书评而呐喊过。我宣告职业化的书评家终将诞生，并且还嚷着："我们需要两个批评学者、六个批评家、五十个书评家。"

我组织起一支书评队伍：杨刚、宗珏、常风、李影心、刘荣恩等。有的还健在，有的已作古；有的移居海外，有的仍在我们中间。我对广告向来怀有成见，甚至有意识地抵制，总不甘让它左右我的选择。在牙膏、鞋油上是如此，在看什么、买什么书上，我更不愿受它的操纵摆布。当时我认为书评就是为了让读者对书能有比广告来得客观的评价。所以我的一个原则是：坚持自己花钱买书来评，不评赠书。在上海时，我顶着大太阳，冒着溽暑，去四马路买回一叠叠值得一评的书，然后打包分头寄给我那十来位书评家，请他们评论。

在天津编刊物时，我还只是在自己写的那些"答辞"中鼓吹书评。到了上海，除了刊物上经常保持书评专栏，我还编了几个讨论书评的特辑。谢谢上海《书讯报》的葛昆元同志，前年他在选登我这老掉牙的《书评研究》时，还特意把那几个特辑复制出来见赠。这样它们也同新时期的读者见面了。记得卢沟桥已经开了火，我还在为书评奔走！有一个特辑好像就是在"八一三"

那天刊出的。不几天，由于报纸缩张，文艺版取消，我这个编者也随之而失业了。

半个多世纪后，书评并没在读书界成为一种不可忽视的力量，也还没见到有人像当年的宗珏、李影心那样以写书评为职业。书评更算不上一种文学品种，它依然以"聊备一格"偶尔出现在报刊上。

为什么说当年那样提倡书评、鼓吹书评的重要性是天真呢？请听听一个奔80的糟老头子说几句世故话吧。老早我就懂得了在中国想干点什么，说点什么，都得先问问国情。国情是无形的，因为它既没有明文规定，也找不到哪一位来坦率指出。它，只能心领而不可言传。只有在碰了硬钉子之后，你才会恍然大悟：原来这使不得！可那时候多半已悔之晚矣。

旨在为读者当读书咨询者的书评之所以树立不起来，就是因为中国写书的人大都只允许你褒，容不得你贬，即便你贬得蛮有道理。一本书出来，如果谁也不吭一声，写书的人倒并不在乎。说上点子好话，自然就不胜感激；倘若你历数一本书的七分好，同时也指出它的三分差，麻烦就来了。正面申辩，甚至抗议，本无不可。然而不，他会在另外场合挑眼找茬，为几个字竟然能结下多年深仇，在你料想不到的时刻和场合，大做起文章。倘若能发明出一种足以洞察积怨的显微镜，并用它来照照历次运动中的发言，大批判栏上的声讨，那必然会触目惊心。

年初在香港，读了台湾龙应台的两本书——《野火集》和《龙应台评小说》。这位血气方刚的女性大概看不惯那里一些不痛不痒的文艺批评和社会批评，想靠个人的一股勇气，冒犯一下，闯出个新局面。她自称要做的是"不戴面具，不裹糖衣"。她反对"四平八稳，温柔敦厚"的批评，也不喜欢"点到为止"的批评，更不耐烦戴着面具看事情，谈问题。

结果，她发现对一个健康人，你拧拧他的手臂，掐掐他的腿，他不会起激烈的反应。可一个皮肤有病的——不管是蜜蜂叮咬的红肿，还是病菌感染的毒瘤，只要用手轻轻一触，就可能引起他全身痉挛。

所以人们宁肯写引经据典、长篇大论的文学批评，很少人愿干开门见山、短兵相接的书评这一行。

然而为什么时至80年代，我对书评这个梦还依然锲而不舍呢？

30年代我曾提倡书评，可比起今天来，那时有几本书可评！今天出版物成百倍地增加，有哪位一目十行的奇才能把（比如说文艺）书全看了呢？今天不是比中国文化史上任何时期更该有一批仁人志士，自愿当文化咨询者，帮助广大读者选一选书吗？眼下时兴搞咨询站，保险业设立咨询站，计划生育设立咨询站。难道为广大群众提供精神食粮的出版业，不也该设些咨询站吗？

我之所以让这本书同新时代读者见面，是表示我对当今"双百"方针的信念。我相信不至有"先进"的捍卫者用80年代的尺度来衡量这本半个多世纪前写的小书。然而我对自己尚有冷静的估计。以此书来说，就写得十分粗糙，观点更谈不上准确。尤其书中所举的例子又大多出自西方报刊，因为我当时身在燕京那个洋学堂，找不到多少东方资料。我衷心希望抛出这块50多年前的老砖,能在新时代引出思路更透彻、立论更正确、例子更生动具体的玉来,更希望书评在咱们这里,能成为一个具有吸引力的文字行当。

1987年10月3日

书评与批评

中国的书评界似活跃着两种人物：批评学者和批评家。前者的文章常见于杂志的首端"论文"栏里，介绍着晚近东西洋的文艺观念和方法，但很少人肯将那些精确的方法应用到本国流行文艺的品评上。后者的文字多登在杂志的尾部"书评"栏里，用一种熟习的行话，一种固定的格式，论断着近刊的书籍，而对于新兴的文艺理论又不屑顾及。这两种人的工作性质虽很接近，而实际上却常是两码事。

批评性的刊物我们是有的。我们甚至有过专载书评的刊物，争论着"我们的《沙宁》译本比他们的好"，夸说着名家的装帧，夸说着纸张的洁白，序文的名贵，对于作品却总是那几句行话像是玩扑克牌似的变换着。

不久以前，国内一个流传颇广、权威极大的批评杂志夭亡了。但那停刊的消息在读者大众脸上并未画出多少哀悼的神色，因为大众对于那些教科书，那些原文专家名著及古典文学翻译的兴趣实在太淡了些。对于派别的争辩他们更不摸头绪。

于是，他们返过身来自语地说："书还是让我们碰着运气读，凭着高兴买吧。横竖你们那些高深的书我不懂。浅的又不在你们眼里。"

谁那么愚蠢，悍然反对介绍新的文艺理论的呢？但我们似还应进一步把那些抽象的公式消化了，用来诠释指点自己的产品。漠视专家研究和主张拆掉大学一样胡闹。但一个忽视普及教育的国家，连批评也不把大众打在算盘里。是的，伟大的批评家负着整理过去、预卜将来的神圣使命。但如果同时代的一般读者不能由他的工作中得到好处，他的工作至少在目前近于浪费。批评的作用失却了广远的发展，仅有那深奥，恐反将成为时代的累赘。

但是，有人说，研究营养成分和测量月球距离同是不可漠视的呢！而且，测量的人是走向深处的，因而也是人类文化的推进者。好，估算我们这角世界的情势，准许我们中间一些人去探求《哈姆雷特》悲剧的统一性，《浮士德》哲学的溯源，所准许的也必是极少数——我们便尊这些人为批评学者。

一切文艺法则似乎都由这些少数学者制定，司法的人呢，该是批评家了。但这里却有了纠纷，因为有了两种批评家出现。那受着排斥遭着怨骂的叫作书评家。

诗人和批评家爱略特，在他其《传统与尝试》里说："这年头批评真不景气。一半也是为生计所迫，多数批评家都沦为'书评家'，成为草率疏忽的工资奴隶了。"① 这话锋是说，批评家和书评家是截然不同种类。书评家是低贱的，批评家是尊贵的；书评是市侩的勾当，批评是神圣的职务。

另一位当代有名望的英国批评家穆雷，曼殊斐尔② 的丈夫，却说过相反的话："书评家和批评家中间是不该有差别的——书评家的职务是评判面前的一本书。但实际上，为了许多拙笨读者的便利，他也得涉及原书以外的事。反之，目前经济的情况强迫着批评家们改业书评。"③

穆雷这里显然并不曾否认这两位似是同行中间的差别。反之，他具体地提出了这差别之所在。只是他感到这差别将为今日社会现状所消灭，而且这消灭并不是一件可悲伤的事。

---

① *Tradition and Experiment in Present-Day Literature*, Address delivered at the City Literary Institute, London. Oxford, 1929, p.215, On Criticism.

② 现译曼斯菲尔德，英国女作家。

③ J. M. Murry, *Countries of the Mind*, London, 1922, p.239.

在中国，批评家与书评家的分野还不明显，一是由于真正大众尚未成为读者；二是修养厚、见解深的批评家也还不多见，贵贱高低仍混沌不明。批评只有对象是作者还是作品之分。对作品的批评统称之为书评。

那么，在工作性质上，书评家和批评家果然迥乎不同吗？我们禁不住要这样问。设若是这样，差别在哪里？更要紧的，这种差别是无从或不必消除的吗？

美国的许多书评家骄傲地说："书中有新闻。"区别和攻击书评的人常把这作为主要论据。美国一个主要书评杂志在社论里曾说：

"一篇直截了当的书籍新闻总比那些不三不四的批评强。书评可以侧重评价，但所评的既是新书，就必须含有充分的新闻性，就得是新闻方成。本刊对于评价的工作加以重视，但一篇书评须有三分之二，至少一半是新闻。我们提倡这种新闻性的书评。我们提倡用写凶杀案的本事来写书籍新闻。"[1]

---

[1] *The Saturday Review of Literature*, Jan. 30th, 1926.

无疑地这种提倡要遭到同行的拒斥，批评家的藐视和读者的不信任，因为这办法蕴藏着无限危险：匆忙的记者先生抓到了一本书，随手翻出一段"新闻"，坐下便写了出来；不问该书的全部价值，不问读者客观的需要。虽然不少书评家否认这传统。但现状却在证明着它的存在。这是一条没有一个批评家肯走的路。所以，在这点上，两位同行中间像是有了极明显的差别。但这差别是由于书评家走了歧途，忽视了批评的尊严。

有的人视书评为介绍，因为它扼要简短，极少指摘。但这实不是一个可靠的差别，因为贬责的书评也是常见的。如果介绍是为作者及作品有所申述，那是无论书评或批评都应包括的成分。但仅有这点介绍性的申述既不成其为书评，更算不得批评，因为它缺乏客观的判断。不幸在中国许多批评好友著作的人实际上却只做了介绍的工作。

另外有的人认为差别是对象的不同。[①] 批评家的对

---

① E. Edward Rees, *Publisher's Circular*, London.

象是作者，所以要侧重一本书在学术上的地位。书评家的对象是读者大众，因而必须多做内容介绍的工作，并负有代替决定"买不买"的义务。一个批评家才有权力指摘毛病，纠正错误。书评家充其量只是个在未读过原书人面前的"报告者"。所以今日的书评大部分篇幅是用在原书的内容提要上，在尾端放上"人手一编"一类的推销话。书的页数计算得很准确，自己的见解却忘记放进去了。而批评家呢，则可以忘记那七八页逐句的勘误表将如何令读者头痛，那些专门的考察如何使一本浅显的书被学究的道袍掩起。那种口气，那种目空无人的态度，使读者连原书一并怕了起来。不，书评家与批评家不应在这点上分手。一个不顾读者的批评家和一个忽视作品背景的书评家一样不中用：因为他们同有着解释和判断的双重义务，同须做一个"精细读者"的结论。那结论也同是个人的，试验的。没有批评家能做最终的判断。没有书评家在书评里可以把评价完全摒除。

类似上面的是一些人把差别放到深广度上。①这似乎便是穆雷所提出的。一个书评家的领域是手边那本书。他无须顾及那书与原作者其他著作的关系,更用不着问它在文学史上的地位。批评家呢,自然就该忘记读者对原书内容了解的程度,他只须证明在这本书里作者创作能力已经如何退步,或竟破产。扯些这本书原逊于法国的象征派某某大师,但第三章又颇有南欧作风一类的话。指天画地,把读者说得茫然,把作者气病。如果这种差别已经存在着,我们应鼓励它存在下去吗?一个对文学思潮无清晰概念的人不应充文艺书评家。对某某作者其他作品毫无了解的人也永不能对那个别文章说极公平的话:因为了解是一切评价的基础。文艺是连续性的工作,是和作者生活分不开的。缺乏了这种透彻,一切皆易成为陌生。所以,如果这种差别存在时,也只是程度的、量的,却绝不是种类的。

如果世界总刮顺风,我们想象20年、50年后的中

---

① Wayne Gard, *Book Reviewing*, N. Y. ,1928.

国将如何了呢：文盲了若干世纪的大众将睁开了眼；一本应时的书动辄销到数十万册；报纸成了忙人的必读物，供给着百万读者以一切的知识；那时，必有一些嗜书的青年坐在报馆里，写着每周新书评论。机轮飞似的旋转着，旋转着，等着这青年的书评稿。那时，情形或将产生了同路的分野，不幸的分野。

在那机械化时代未到临以前，如果从事批评的人建下坚固的壁垒，避免工业生活袭入后的隔分也是可能的事。在实质上，这两位同行不应有差别。批评家多往深处走一些，但书评家还须在广度上着力。书评是为非专家的、一般大众所做的批评。在形式上，它似浅近些，但同批评家一样，做书评的人应有清晰的史的概念，对于作家应有亲切的认识，对于文章应有透彻的见解。书评家的工作实在更艰难一些。他不但要有正确的议论，而且能以活泼明白的言语传达给大众；他不但注意作品的技巧和思想，而且也不漠视书的编排装帧的美观。在内容之外，还要顾及物质的功利的部分。像个小学教员，他懂得的很多，却能用忍耐和机智管住自己，解释而不命令，陈述而不说教。既要保持自己主观的见解，又要时刻顾到客观需要。这不是件轻而易举的事！

更艰难的是书评家接触的多是新书，且常是新进作家的书。批评家可以由书橱底层抽一本18世纪中叶的杰作，在百余年内多少聪明人的评论上，再申述一下自己更聪明的意见。但这种风雅的事书评家是没份的。5000本书已摆到书店里了。他的读者立待他干脆说几句负责的话。他不能忍心任他们等着，自己坐在沙发上翻看心爱的狄更斯。他得放下一切心爱的，倾心而迅速地读完眼前那本书，提笔写出简扼负责的意见。不但道出本书的梗概，还须判明它的价值，仅自己主观的欣赏是不够的，还得指出它的用途。

遇到新进作家呢，面前简直是引人犯罪的陷阱，书评家随时可以跌落的。过分的奖誉将鼓励起这新人的浮躁，而常常一本太不成熟的书几乎糟到不容人说一句好话。若是老实指出了毛病呢，书评家至少两夜不能安眠：一个酷爱文艺的青年，绞着脑汁写出这本书，苦苦地讨得了出版家的恩典才使这处女作得见太阳。他是多么需要鼓励呵！他直像求着：你说一句好话我就写下去了。如果我努力，我将能写得比这好许多。不错，每个大作家的初期作品都不是成熟的。站在面前的或许是个未来的大作家。但这种预支，这种通融，却最易丧失批评的尊严。

这些问题却不常难住批评家，因为"流行"的书是"流行"书评家的领域。但支配着大众思想的却正是这些流行书。

我们需两个批评学者、六个批评家、五十个书评家。

平衡心

一个多事的人在《新共和周刊》上,用自述的文体给现代美国流行书评家画了一幅讽刺画:

"许久以前人们劝我非提笔不可。而且,他们特别提出我有批评的天才。这话不假,我自己也知道的。我喜欢玩弄文墨,把不同的字句拼凑成不凡的意义。认真地把黑白分辨出来是太明显的事,我不屑做。我爱把黑的由不太黑的中间提出,这我永会做得很漂亮的。我没有读过半本伟大的著作。对于过去我只有片断的印象。

但对于人物我却是有主见的。我能分出谁是作家谁是槛外人。因此我用不着批评的原则和标准,我讨厌那些。

"大体说来,坏书比好书容易批评。一本我未读过而要提笔批评的书总得奉为杰作的。你把糖果给错了孩子没关系。罚错了孩子一定要露马脚的。给风行一时的某书一个迎头棒比由冷漠中拯救出一个无名作家可有趣多了。

"我对于作家个人有兴趣。他们的言谈、争吵、版税、离婚和行踪都是有趣的事。和他们见面对我的批评工作总有很大影响的。如果老天爷或国家银行肯给我一年休假,我想我真该安静地读一些古典的杰作了,省得装在我脑里的只是销路和脸色。

"成千的读者买登载我的书评的刊物。我假想他们读。既读,我假想他们懂了。因为他们并没有说什么,我假想他们同意了。但实际上,十分之一不同意,十分之一不懂,剩下的十分之八根本不读。

"面前是一本小说,它那新颖的装订即刻引起我的好感,如果没什么惹我反感的,我就把这本带回家去看了。如果这本书的作者是个无名小辈,我便可以断定它的内容糟糕了。

"到家了。我坐在安乐椅里读起这本小说来。开头那献词就俗不可耐。这必是一本庸俗的书。我看完十页了。我差不多可以断定其余的了:幼稚、肤浅、幽默、平易可读。我随读随在书上留些记画,预备引下来指摘作者的。好,我可看完了。鬼知道它讲的是些什么!鬼知道我有些什么意见!天是不早了,我得去睡觉。

"次晨我提笔写评论。我的印象确定而又十分模糊。我点上支香烟,削了六七管铅笔。我才知道关于原著我无话可说,除了昨晚写在书背上的几个字。于是我得祭起我那形容词的法宝了。它们在过去多曾搭救过我的。瞧,来了:'逼真''欠妥''生动''拙笨'……我还得把动词请出来充当巡捕,使这些形容词鱼贯而行,不相挤碰。

"我还得承认我从来没把作者和评论者中间的关系弄清。在我想,那关系不是劲敌就是寄生虫。我是一只虱子,靠吸吮着作者的血以苟活。"

这幅讽刺画的主人翁当然是一个典型的坏书评家

了。他的失败根源何在呢？很明显地，他不曾亲近过伟大的作品，缺乏文学的修养，但这并不是他失败的根本原因。他最初的错误是他不应该从事书评，因为他的兴趣不在文艺本身。

书评家首先须是一个爱书的人。如果把话说得响亮些，就是一个关心爱护、促进文化的人。他不应是一个为图工资而服务的乳母，他应是爱护孩子的姨姑。书评写作可以解决他的生活，但在他选择这职业时，必须另有一种理想。像个中古的骑士，他毛遂自荐地要保文化的镖，不使它为劣品所腐蚀。还要有一种火热，恨不得每一本自己欣赏过的好书都为全人类读到。有着这种动力的人方可写书评。因为好的书评如好的政府一样，缺乏了真诚与理想是不会成功的。

介绍别人读书不是一件容易事。学堂里总不缺少一些"书迷"，怀了《彭公案征东》分给同窗看。但事实上，他并不能由10本小说里选出两本最好的来。或者纵使选了出来，也不能指点它们是怎样好法。这种"书迷"虽然有了那种火热可还不够。他还须是一个天生敏感的人。在书本里,他能真切地看到书中英雄的丰采,明白他的心地,觉出他的气概来。当一个恶棍被捉杀了时,他能感到痛快,但遇到英雄陷在深围里、困在矛盾的心境中时,他也能感到苦闷。他为真实的幽默预备了畅怀的笑,也能被崇高伟大屏住呼吸。他不但深彻地了解书中的人物,还能透视作者的心意。把握到作者的企图后,他还能冷静地衡量作者的成功。因此,即使在千军万马乱战中,他也仍能跳出想象的圈外,把当前的景象客观化,检查有没有破绽。他必须能重新经验原作者的想象,而又不为那想象所惑。他应是一个聪明的怀疑者。这里,仅仅敏感又不够了。他的工作是双重的:他须是一个倾心专注的观剧者,又须是个行家,是个侦探。台上的小生唱功绝妙时,他能忘情地享受,而遇到那小生做功不妥的地方,他仍能即刻看破马脚。果如尼琪所说:一个从事批评的人须兼有综合的"想象"及"科学"分析的本事。[①] 前者是每一个嗜戏的人都有

---

① Nitchie,*The Criticism of Literature*,N.Y.,1929.

的。批评的人在看戏时应比一般观众的情感更丰富。而看完了戏又要有比一般观众多些的理性来评价。因为书评者须是一个能统驭情感、喜好公正的人。莫泊桑在LaRoman（法文《小说》）里说："真正够得上批评家的应该是一个不偏不倚、无意气的分析者。正如一个绘画的鉴赏者估定着作品在艺术上的价值如何，他须能宽容一切，牺牲一切去鉴赏并发现和他兴趣不投的作品，公平得像一位审判官。"

这种情感和理性皆需要的工作可不是一个癫狂的"书迷"所能担当的了。这两种心理效能的平衡之难做到，正是人生苦恼的大渊源。但书评这工作却正需要这种平衡，因为任何一方面的偏重都难充分发现原书的价值。

唯有一个神经健全的人才能获到心的平衡。唯有在平衡的心情下才能健康地欣赏而不为情感所惑，评价而不为个人好恶所左右。欣赏个够，看个透。

知识与品位

具有那种心理平衡而又是个爱书的人，若不怕委屈自己，可以向书评这条路张望了。而且，如果肯努力，是不必担心失败的。因为没有人在自己最高兴做而又会做的事上碰壁。

对于不惯于生活在书籍中的人，书评的职业自是苦不堪言。像前节讽刺画里的那位，书将成为他世上最大的仇敌。如囚犯度过漫漫长夜，打发完了一本又来一本，书随着面前的日子涌涌堆来。但一个爱书的人觉得这是优遇：不花钱看书，看各种的书，还能把意见告给千万肯出钱听他的同好；月底且有解决生活的稿费可拿。所以书评是爱书的人理想的职业。

但仅凭了那片热爱仍是危险的。话仍可以说错，书仍可以胡评。修养——文化的背景，是从事批评者最重要的准备。一串批评的习用语是毫无用处的。批评的格式更不必学习。那些都是书店广告部应具备的知识。书评家所要的是如何分出正误美丑来，每个书评家都须造自己的显微镜、自己的尺。武术也许能传，但这批评的衡度器却没有人能代造。制造这工具的原料必须是知识和品位。

审美力或艺术欣赏，又是个不可捉摸的东西。一个有美感修养的女人能以极素淡的服色在观者心中引起无限的愉快；可是一年一度随了婆婆逛大钟寺的乡妇几乎把她衣箱中所有鲜艳的宝贝全穿挂上了，人看了反嘲笑不堪。每个念书人幼年都曾爱过几本现在不屑提起的书吧？13岁时，我见了谁都夸的《七侠五义》，后来才明白使我高兴的只是那"热闹"。一个系统地读着书的人，天天都像在爬竿。今天看不起昨天爱的那本。不摸外国书时，国内知名的作家几乎本本是杰作。刚看完一本左拉或者屠格涅夫，听吧！他不满意的地方多了：这本书的心理描写不亲切嘞，那本书的煞尾又不妥当了。眼高了，什么都看不上！他狂妄了吗？

不！读书的经验已为他制下一把尺子，虽然是粗糙的。他再不甘囫囵吞枣了。那把尺，那座显微镜，也只有这样读下去才能制得出。一个有意培养这种衡度能力的评者，像一个学习创作的人一样，不必去参阅什么批评方法论或小说法程。人类知识想象的文库是最好的学习课本，要练出批评的本事只有先去读古今中外最成功的艺术作品，而且是各流派各时代的作品。因为真正的鉴赏力应有最多量的经验与反应做后盾的。狭窄的心胸不能接近多数作品，因为偏见是欣赏的劲敌。

"木刻展览碍不着我，我的领域是文艺"，这话讲不通。一个想养成鉴赏力的人不但要无成见地亲近一切伟大著作，还要去欣赏一切其他艺术，因为艺术本是相通的。贝多芬的第九交响曲和斯温伯思的诗还是息息相通的，明白中国绘画的人去了解印象派的作品容易多了。虽然各门艺术在形式上表现方法不同，最终的求"美"的企图却是一致的。在没有新式剧院的中国，想明白舞台剧艺术的人连好电影也不可不看的。因为这些都能帮助你把捉一个不易把捉的东西——什么是美，怎样才算艺术。

为什么一个曾欣赏了许多伟大作品的人，有时看到了像《埃及皇后与安托尼》一类历史剧仍不能产生满意的反应呢？因为他缺乏《罗马史》的知识，因而历史的想象力也薄弱。所以有了高尚的鉴赏力还须取得辅佐那品位的知识。

当然，一个批评光学的人自然须懂得物理。但即使批评并没有那么专门知识的书时——像小说，知识也还是需要的。对于"五四"以来中国新文学的演化毫无历史观念的人哪里配安排作品的位置！而批评的工作一部分即在安排。《子夜》在茅盾创作过程上及在新文学史上地位是怎样的呢？对于世界的文艺史也不可马虎的，因在这世纪里"中外"已成了休戚相关的一体了。

仅仅明白《子夜》的地位就够了吗？它所描写的是怎样一种现象呢？吴荪甫的失败代表谁的失败呢？社会经济一窍不通的人却说不出了。艾略特指出生物学、人类学、哲学都是一切批评家必知的。伊思曼[①]又特别指定心理学。这样的苛求也许使人不敢投身批评了。

但一个不以专门著作为对象的书评家所应具备的只是"各科常识"。不要管那些大学者指定了什么，一个坚实的文化背景为书评家及一切新时代公民的随身宝。与其说得懂这些书，勿宁说得多明白些生活中的人情道理。就不做书评家，你可以忽略国际联盟的现状或人类行为规律吗？

只在书中耕耘是不妥的。马修斯[②]说："批评家的眼盯住了过去。他们很少明了现实的价值，对于未来就更犹豫不定。"这种傻气都是由于死抱书本产生的。

---

① Max Eastman, *The Literary Mind*, N. Y. ,1932,p.268.

② 马修斯 (James Brander Matthews，1852—1929)，美国散文家、戏剧评论家。

因此，他们只会说"这本书像巴尔扎克的什么"，却说不出这书本身的怎样来。

一个理想的书评家要具有充足的知识和鉴赏力，对实际生活又怀有莫大兴趣。历史沿革对他不生疏，而拾起每本书来，他仍能持涉猎的好奇心，发现它自身的价值。

书评和做人

游记作家弗思特写信给一个书评周刊的编者抱怨说:"我有一本《东方游记》被一位女书评家给骂个一钱不值。后来我一打听,原来她也到过那里,回国来想出版她自己的游记而没有成功。再有一本《墨西哥游记》(有一些地方指摘了欧伯恭,那时适为墨国元首)又给另一位女书评家骂个淋漓尽致。原来她当过欧伯恭的秘书……"[1]

既然书评家负有执行裁判的职务，如果缺少了公正的心，则一切评语皆难为读者折服。偏见是谁都有而又是谁都想克服的。批评家不是超人，所以在主张见解上偶有偏见是难免的。但偏见因着不同的动机而有不同的性质。难免的是"无意识的偏见"——一个竭力改正自己而仍持那样的观点。不该宽容的是"有意识的偏见"——屈着良心说话，因为那是不公正的。前面的两位女书评家的偏见可算是有意识的偏见，一个进步中的书评家应革除一切有意识的偏见，同时还应发现并克服自己无意识的偏见，因为那是健全批评的绊脚石。

不公正的书评不一定都是破坏的。有的是势利的。有些书评家专喜欢在大家同声赞誉的名作上当头一棒，但随声附和赞誉的总居多数。《老妇谭》的作者安诺德·本涅特[2]在批评埃德加·瓦拉斯的小说时忿忿地说：

---

[1] H. L. Foster, *Rap for a Reviewer-Saturday Review of Literature*, March 10th, 1928.

[2] 安诺德·本涅特 (Arnold Bennett, 1867—1931)，英国作家。

"所有喜欢书的人都是势利鬼,特别是那些眼光远大的。"① 其实,明白了人类心理上那容易受催眠暗示的懦弱处,对于这种势利心也可以原谅了。孟罗在《戏剧的尝试》里不是说:

"如果你看到一个著名丑角登台,你必朗声大笑。只要他稍稍逗你一些,你即刻感到他十分滑稽,你佩服了他的名气。但如果无论他怎么样逗引,你也笑不出来,你当即认定他是冒充的,并且为发现他的失败而感到欣快。我见过一个剧院的观众,在剧情无可发笑的时候哄堂大笑——因为他们想这是某某人写的,就一定可笑。即至发现并不可笑时,他们决定这某某人失败了。"②

这点糊涂在群众里容易了解,在个人就近于疯狂。这种势力的偏见在观众可以宽恕,但一个书评家非跳出这圈子不可。

一切把注意力由作品移向作者身上的书评都不容易避免势利。我们时常读到"××博士在中国社会学界

---

① *Evening Standard*, July, 1928.

② C. K. Munro, *Experiment in Drama*, p.129.

可说是老前辈了，他的×××当然值得我们注意"一类肉麻的恭维话，好像一个博士写出来的必是天书似的。势利得更露骨的是："虽然在本书出版前，坊间已经有过同类的书籍（例如××的），但本书的贡献不能不算第一。和它比较起来，××书局所出版的那本简直没有存在的余地了。"竟扬此抑彼了。一切不就作品说话的书评，或捧或贬，同有势利嫌疑的。

那些就作品说话的就都不势利了吗？当然不。事实上，注意力分配得也是不平均不公正的。书评家不仅要评介已有的，他还要鼓励未来的。如果10个人已批评过《阿Q正传》，你又并无特别高见，就该看看比那名望小的作品中有什么可评的呵！根据调查，美国书评家也犯这毛病的。在100本书里，愈畅销的书，批评的人也愈多。[①]

偏见的避免是消极的。一个公正的书评家不但不应冤枉作品，还得切实地发现它的价值。因为泯没了价值，

[①] *The School and Society*, Dec. 31th, 1927.

书评本身也成为废物了。

发现价值需要的不是严厉,而是深切的同情,一种想了解作者并认识作品的真诚。偏见多半寄生于狭窄的心肠里。没有博大的包容一切的胸襟,是不宜于从事书评的,因为没有作者能和评者处处吻合。伟大的著作需要有评者肯钻入它怀里尝它的味,呼吸它的气息。只有那样才能发现它的内在价值。

在过去,某些书评家的声名是颇为狼藉的,有人封他们为"狡猾的挑剔者"。这自然不能盖在一切从事书评人的头上。但许多书评开端的口气已暴露出评者的恶意了,听罢:"据近日报纸的广告,××的××,好像已经续版好几次了。可是,不幸得很,这书实在要不得,因此,我今为这本书做一次解剖工作。"批评好像成为揭发的营生了。另一位"勤奋"的书评家竟为"原书共97页不到3万字的译文"的一本书写了一篇"达万余言的评文。举例已到第95页,即文中误印之字也一个不放松"。可还口口声声说"若把不妥的地方一一指出来,那就断非本文容纳得下的了"。这样的凶狠狡谲,去做屠户放印子实在比写书评更适当。

同情和感情是不能混谈的。

"××兄是我的至友。读他的诗就如想见其人,所以我在此介绍他的××集。"这不是同情。假如作者不是至友呢?真的同情只是发自一颗想发现一切优点而对缺点也不马虎的心。先有了"好诗"的主见不是同情。偏的同情只是感情。同情帮助我们欣赏,感情却是迷眼的沙子。"他写的红叶是我们那次去西山看的。"那诗中的红叶对这熟人就隔膜了。于是,在书评里他所谈的,只是评者和诗人同看的那片红叶。

批评中涉及个人最易扬起感情的沙子。19世纪初叶的一位大诗人柯尔律治在一篇论批评的文里就警诫过:"只要评者一显露他的所知道的作者多于书所能告诉他的,他的贬责即刻成为攻击,他的讥讽即成为侮辱。"[①]事实上,一个人做了一本书只应负那本书的责任。

---

① Coleridge, *Biographia Literaria*, 1817, ch.XXI.

但在罪及九族的国家，有时连那人的样貌都成为箭垛。在书评煞尾常见"评读之余，真不得不为之投笔三叹"一类的愤慨话。这真是不必的。不然，书评家的性命岂不危于炭矿夫！

有的书评家却认为个人的私事是无从避免的："书评家的领域不仅限于刊印出的文字。他的职责既在诠释，则个人私事当亦可引用。我真想不出如何在作者与其作品之间截然划一分界。说作者是个出名酒徒的确难堪。但若果属实，就不无关系。把著作印出来当然是要公开地任敌人或朋友说话的。认为作者的人格行径与读者、评者无关是荒谬的。谁都知道《西方无战事》的作者是德国人，并会参加欧战的。这种事实帮助我们了解欣赏他的观点。"[1] 雷马克是好战受挫的德国人。这事实当然与他的非战作品有关。至于酒徒的话，除非他写的是醉人心理，不然，就应摒除。如果评者所举的个人行径与作品不发生因果的关系，这引用不是

---

[1] Heywood Broun, *The Nation*, Feb. 19th, 1930.

愚蠢就必出诸恶意。

和倾向于轻易下断语相反的书评家，是那些因循懦弱的，通篇吞吞吐吐才指出一个确实的毛病，又忙用一句空的好话掩盖起来。在煞尾还直向作者道歉，声明自己并没有恶意。若评者信得过自己的忠实，这是不必须的。

书评家的基本态度应是诚恳的。

我很爱听评者说："此书已出版多日。可是我看见得很迟，未能早日阅读。现在既已读过，便发现一些错误。兹为尊重事实起见，特将管见提出，以就正于著者。"不错，话干巴巴，不漂亮，但我却看到一张严肃真实的脸，不卑不亢地发表着自己的意见。这方法也许笨一点，但这作风极踏实。俏皮话有时常欠忠厚。比那更坏的是原书并未详读，只抓到一两个小错，死死不放。书没看到一半，断语却刻在心上了——甚而未开卷已下了结论。

诚恳包含公正、同情和其他一切美德。不嫉妒，没偏见，只有一颗清澄热烈的心。不马虎可也不拘守固定标准。不诋毁也不胡捧。对自己有信心,而又永不视自己的批评为终审判决。随时抱着探索尝试的精神。

　　书评家需要什么态度呢?他只需要人的态度——一个好人,正直、有心肝的人的态度。生活和工作没有分开的可能。一个生性刻薄奸诈的人为商必卖日货,从军必开小差,写书评也无法不冤枉作家委屈作品。一个具有良知,又还贪爱智慧、拥护真理的人,就可以走向世界各角。

　　书评自然也需要他。

萧乾著《书评研究》

美

观众对于艺术的要求复杂得真像莫泊桑为小说家所列举的：这个说安慰我，给我娱乐，使我做梦，任我发噱；另外那个却说使我伤感，给我悲哀，颤动我，吸出我的泪；有的求着要沉醉，有的又要清思，要人生的反照。这种色样不一的要求虽难应付，然而却并不曾出艺术的范围。

美是最难捉摸的。下个定义并非难事，定义不缥缈空洞却不易了。与其做那种程式的工作，不如让我们考察一下艺术的已知诸方面。这也仅是本文所能做到的。

一个不容易明白的事实是新闻何以没有小说动人，模糊的绘画何以美于毕肖的照相。"真"若是美的唯一标准，摄影该是最完整的模仿。但直到现在还不曾见到它有篡夺绘画的艺术宝座的趋势，究竟是什么一种佐料神秘地运行在那画板上呢？都说是想象。想象最初的意义是："当物件移开或眼睛关闭时，还能看得见原物的影像。"[1]罗斯金[2]列举过想象的三种作用：一是联想(Association)——借合并以产生新的形式；二是默想(Meditation)——以特殊方法处置意象和它自身的联想；三是深入(Penetration)——透入事物之内体，分析、体验，觅得没有其他能力所能觅得的真理。但在柯尔律治看来，联想的结果是幻想，是自由的，飘忽不定的，无中心意义的。想象是经过检选，经过安排，综合了的联想，是具有统一性的。

宇宙原是广漠的，人事是芜杂的。一个艺术家必须

---

[1] Hobbes, *Leviathan*.

[2] 罗斯金(John Ruskin, 1819—1900)，英国评论家。

在这广漠、芜杂中看出格局来，这格局即建在物与物之间平衡而又匀称的关系上。人类便是匀称地创造的，因此看到穿一只鞋或少了一只耳朵的人，我们不痛快。街头果贩用大笸箩盛着红的苹果和金黄的蜜柑。一个艺术家能凭想象把它们安排成一种姿态，画成一幅静物，使那些果子不再是乌合之众，而互相发生了有机体关系。用了这种本事，曹雪芹把大观园的人们悲喜地分聚起来，由多重的关系达到最终的悲剧。

一本理论书和一本创作的根本不同处是：前者写作的心情是理智的，反思的；后者是想象，客观化了的情感。理智的作用是将一件事与外界联系起来，求得外在的符合性。想象恰使一件事与外界分隔成为独立的经验。它求的是内在的统一性。因此，以逻辑来批判想象是不可恕的糊涂。

因为能深入，想象看得到常人所看不到的美，能将平凡的事物排列成新的格局。许多极习见的东西，出于想象者的笔下，我们就会感到一种好奇、一种陌生，同时又混着一种熟稔，像歌剧中听到的森林风声。诗人雪莱说:"诗掀起了世界上隐藏着的美物的帷幔,使熟悉的一切变得似乎奇异。"这种奇异是由于内在的统一和外在的隔绝而成。若必欲问哈姆雷特是否果有其人,就不是在用想象力来欣赏这出戏了。

佩特在评柯尔律治时,曾论及艺术的两个成分:"自然的感受性"和"深入的天才"。感受是被动的。当我们走入一个光怪陆离的世界,我们能为那些所激动,为一个新奇的愉快的综合体所吸引而与机械的生活隔绝。深入便是把这种经验客观化了,成为具体的形状——艺术品。世界著名舞蹈家邓肯女士在她的自传里曾这样写过:"别墅里有棵棕榈树正对我的窗户。我初次在热带瞧见它,清早总留心看棕叶在晨风里抖动。于是我跳舞时创造了手指和手臂的轻柔翼动。后来模仿者太多了,他们全不去冥悟棕叶的旋律,不知应先由内收受,再向外表出。"用近代美学的术语,这即是同感作用。

因此,生活缺乏好奇心,把世事都看成"理应如此""不过尔尔"的人,是不能在想象方面有所发展的。想象本身便是一种新奇。但和新闻纸上的"珍闻"不同,它是一种有系统有格局的净化了的新奇。像邓肯女士所说，它须"先由内收受，再向外表出"。如果以充分想象去体会，真实的印象派诗并不全难懂。但那些仿效者只抓到了那层模糊的外形，却没有内在的想象。他自己也不见得懂那些堆砌起来的生硬句子，别人就更无法体会了。

无底的深不是深。那是空。

艺术是愉快的吗？这正是道学先生们攻击唯美派的口实，说在他们手里，艺术成为享乐的了。

有人认为愉快作为标准是根本不成立的。真实的分别乃在依附此种情绪的心理状态。艾伦[1]认为愉快是正常心理活动的结果。马雪[2]博士认为只有恒久的愉快才是美的。包桑奎[3]也承认审美的感觉是愉快的，但它必须是：（一）恒久的。一切满足某种生理欲望的愉快

---

[1] 艾伦 (Grant Allen, 1848—1899) 英国小说家，著有《生理美学》一书。

[2] Marshall, *Pain, Pleasure and Aesthetics*, p.299.

[3] 包桑奎（Bernard Bosanquet, 1848—1923），英国哲学家。

都是暂时的，渴急而牛饮是极易遗忘的，但登玉泉山尝一口天下第一泉的泉液则能留下毕生难忘的愉快。（二）相关联的。一幕喜剧所有的愉快感觉都与全剧有统一的关系。但电影笑片的滑稽动作——一下把胰皂掷到别人头上，一下自己又绊了一跤——或能赚得个哄堂大笑，但那愉快却不是美的。（三）普遍的。真正的艺术的愉快是能为一切有心人所分享的。

另外的学者认为仅愉快是不能成为至上的艺术。美既是一种匀称，也是一种统一，在情感上它并不两样。至上的美是庄严与诙谐的组合。庄严在观众中引起的是畏惧，使观众自卑。观众成为被动的。诙谐使观众有超越的感觉。对于作品所描写的，他下意识地取着轻蔑的态度。重点是在观众的反应上，他们是主动的。仅有庄严，一篇作品将暗淡若挽文，沉压如重石。仅有诙谐，作品则将轻如鹅毛，沦为幽默小品。即在高尚的幽默中，异于"幸灾乐祸"的低级笑谑，也常是隐着些引人怜悯的成分。

让我再引一段邓肯女士自传的话吧，因为论及艺术，我们最好请问艺术家。

"柏林的舞队开始在白萝蒩排演瓦格纳的歌剧。在熄了灯的剧场里，我靠近杜得坐在一起倾听《帕西法尔》的序曲。那时我身上每一条神经里的快感都尖锐到极点。连他臂膀微细的接触都使我狂喜激荡，使我晕乱在甜蜜的、

人的、痛心的悦乐里。我喉咙间被快乐悸刺得直要往外喊，我脑袋里像是在疾转着千万团光焰的火圈。我浑身的神经刺激到无可刺激时，我不知道是喜悦还是苦痛。这两样境界全了。我一心要跟着剧里的武士安覆他（Amfortas，现译为安福塔斯，《帕西法尔》中的人物）大声喊，跟着孔丽尖叫……"

美的境界在她成为"不知道喜悦还是苦痛"的了。

超乎愉快和苦痛的是一种"宇宙的感情"(Cosmic emotion) 辽远的、壮伟的、关怀人类命运的严肃感觉。屠格涅夫散文诗里有这境界。鲁迅的《野草》（特别那篇序）有这境界。巴金的《狗》和《光明》有这境界。我刚翻开史沫特莱的《大地的女儿》看了下面的开端时，

我即刻为那真挚和博深的感情所攫住了。在这本自传的开端,她不先述她的身世,她只把她写自传的背景描写了一下:

"在我的前面,横亘着丹麦的海洋。冷清清,灰澄澄,无边无际,天地无垠。海洋和灰暗的天空融合而为一了。一只飞鸟,张着两翼,横空而过。

"我在这里寄居几个月了,凝望着海洋——写着一个人生的故事……我描写地球——我们全人类莫名其妙地偶然生存在那上面的地球。我描写卑贱人们的快乐和悲哀,孤独、苦痛和爱情。

"这几天,横在我前面的天空正和我的精神一样的灰暗。荒漠无涯——也正和我的生活一样。

"我现在正站在一种生活的尽头,快要踏进另一种生活的门槛。凝思着,考虑着。我的四周只是些过去生活的残痕毁迹。理智和毅力去除了我的盲从。我不再糊涂了。我现在有了从经验中得来的知识。

"我注视着水面而凝想。有些时候似乎我的前途最好让它沉入海底。但是现在,我却选着别一途径了。"

这种宇宙的情绪是以想象的文字道出哲学的真理。它是一种极不自私、极诚挚的情绪。它缺乏幽默诙谐，也不害人淌泪。它不为个人琐事絮絮申诉，因为它心目中的观众是全人类。在表现中，它仍有理智地活动着。

艺术不只要表现，还要传达。美并非单独地存在于作品或观众的心中。美存在于作品与观众之间的关系中。一首诗必要经过诵读且以适当的姿态诵读，才能产生美的感觉，否则它就是一堆死字，像上礼拜的报纸。因此，艰涩是无可骄傲的缺憾。

艺术不是模仿的，因为想象具有一种选择、剪裁、调动、弥补作用。一个艺术家应有活跃的经验，潜贮在库里，随时可以提用。以想象表现出的统一的经验要比现实的轮廓来得明朗多了。

艺术与道德

有位英国作家、小说家曾骄傲地说：

"英国上中阶级青年的伦理观念大概都来自小说。我这样说一定有人以为我太不自量。做母亲的无疑将归功于她们温存的教训，父亲们也自信他们自己曾做出了好榜样，当老师的也想必是由于他们的诲人不倦。一个国家里有这些母亲、父亲、老师自然是件可庆喜的事，但是小说能钻进孩子的小小心灵，比父亲、老师、母亲都更深。它是孩子们自选的导师。由它，女孩们学会了怎样恋爱，怎样对待情人……"①

艺术对社会的影响原是不必怀疑的。但在过去，这曾经成为争辩的焦点，就是艺术至上与为人生而艺术的分歧。这争辩在每个世纪都曾有过，《崇高论》的作者曾怎样纠正时人对艺术的轻忽！希德尼②男爵的《诗辩》全篇主题也不过求诗中愉快与教训的成分得到均衡。这争辩到19世纪可算达到顶峰。由于对唯美、象征、神秘诸派的主观情绪的文学反抗而产生唯物的自然主义，穆勒的实利主义又风行一时，使英国人对于实际社会改革加以强烈的注意。这时，极自然地双方各据营垒：一边认为艺术与道德无关，一边认为艺术应是善的宣传。

罗斯金是后者最有声望的代表。他认为粗浅地看来，艺术可谓全无用处。但在高尚的意义上，艺术有极大的用处。美的感觉并不赖于感官，不赖于理智，而在于"心肠"，那种尊崇、感激和欣喜的心。所有的艺术都必须为平民而创造，且都须有着一个教训的

① 瑞恰兹的《文学批评原理》。

② 希德尼(Sir Philip Sidney, 1554—1586)，英国诗人、作家。

意旨，表现历史上崇高的事迹，或人性中至美的道德。柏拉图由理想国驱逐出的是那唯美主义者，那仅能引起人类兽性的愉快的纯感官的意识。至上的艺术须以善为依归，艺术家乃上帝的仆人，他的责任是深入民间，引人归正。他是个教师。他生来是特别"道德的人"。他的使命即在使人向善。

佩特的主张是以美为艺术纯一目的。那是说，道德与艺术是无关的。一个伟大诗人的工作不是教训引导，而是卸下我们日常机械生活的担子，而代之以愉快的情感。艺术家不能同时侍奉两个主人。无论他的主题是什么，他只能忠于他所见到的。像斯考特·杰姆恩所说，科学家的职务是研究、试验、证明，修辞家的职务是使文字动人，道德家的职务是教训，艺术家的职务是表现。道德家说："人生应该如此！"艺术家却说："人生是像这样。"道德家企图劝告、影响。艺术家努力的是展示，唤醒感觉。这以外，没有其他目的。

在中国，以文载道的高调曾造就了多少伪善者，僵化了多少生气勃勃的心灵，并如何成为历代统治者麻木人心的工具，是谁都很清楚的。历史的教训使中国人不敢再亲近那些道貌岸然的教训主义者了。而艺术至上者呢，由南北朝以至近代卖弄色情的小说，情感是多了，但多得肉麻，因为少了真挚，情感即刻成为香艳或伤感。自由是获到了，但在年轻读者间所散的病菌是无从计算的。

书评家不该是个卫道者。他不应勒令作者如何写作。但一个全然不顾社会健康的标准是不妥的。除非作品不出版，否则他即是把一件个人的东西公诸大众了。他纵使没有义务顾及作品在社会的影响（他的良心不准他轻忽这点！），评者却有理由考察它客观的健全性。因为文艺创作与新闻不同。一个记者只需忠实地记录下他的见闻，但每一个创作家在笔下都有着主观见解，特别是关于社会现象的判断。

一本以不道德事实为主题的书，与一本不道德的书显然不同。多少盲目的评者因为作品描写到忌讳的题材而责难作者是不公正的。一个作者描写的对象是人生全部。如果他采用某段人生的动机本身非不道德，且是必需的，则评者只有批评其适宜性生动与否，而不能遽指作品为不道德。许多作者因害怕这样盲目的书评家,谨慎地在书前先声明了,像哈代的《苔丝姑娘》的副标题就是"一个纯洁女子的真实写照"。若以这动机的标准来评判美国电影,可以说它们大部分是不道德的,因为那些只玉腿的毕露于全剧魅力毫无增添,如果不减少。一本书的道德与否不在乎它的个别片段本身,而在于它的适宜性与必要性。作者的动机和全书的效果之道德性是应受检验的。如一切批评一样,这检验必须在欣赏与了解之后。

事实上,艺术和道德并不如我们所臆想的那样敌对。容易越出人情常态,妨害社会健康的是那种必须以低级趣味引动观众的"流行文学"。艺术家所表现的是净化了的美。那并不与"善"相敌对。希望艺术积极地"载道"或说教是过分的,因为离开了美,没有艺术能站立;但美的欣赏本身也是一种潜移默化的教育呢。

道德在这里指的是健康的生活、正确的意识。什么是健康和正确呢,这标准又不是什么超然威力所能决定的了。

一个生活中没有信念的人,就永远谈不上标准。

书评与出版商

纽约女子书店的经理很诚实地说:"一个理想的书评自然是那种促使读者看了即刻想跑出家门去买的。它不但应是展示出内容大纲,并能指出它的特点——一个新鲜的结构或技巧,使这书显得有趣而裨益。"

这是典型的出版商的观点。一本书印了出来,在纸张、印刷和版税上,他花了许多钱。他计算着销到多少册才够本。他做着再版的好梦。只要能引起买书人的好奇心,他并不管这书的客观价值,所以克诺夫书局希望书评能"掀起讨论的风波"。为了实现这一好梦，他做过许多事了。他发誓担保着"此书意味深长""百读不厌"，他把每本书都封为"杰作"，甚而奉劝"有情青年，盍人手一编"。但他过度的热心使买书人反而对他疏冷起来。他们想听听书评家的公平话。

自书评取得了群众的信仰后，书籍广告的效力便逐渐减小了。出版商在梦中所企望的是书评能成为变相的广告。那样，他日夜殷切关怀的"销路"将如偿地增加了。于是，他使用起钓饵来。耶鲁大学图书馆参考组主任在图书馆协会演讲中曾指摘说："我们的批评刊物往往只批评赠送的书。并且常受出版商所登广告时数的影响。一本书若随同广告送去，书评就会快些登出来。"

这是广大新闻界的问题。在现阶段的社会里，钱是有着无上威权的。广告主顾是谁也不敢惹的"神圣的牛"。多少批评刊物曾这样违心地被卷入商业化的旋涡里。为了刊物的生存，他们用战栗的手接过面团团出版商慷慨大度的广告费。然后，奴颜婢膝地赞赏起粗制滥造的书，夸着与本身价值无关的装潢。忘记了批评的尊严,忘记了多少读者将受这篇书评的骗。

当书评家投降到出版商怀里时,读者大众的利益将无疑地被出卖了。因为在另一个意义上,书评家应是代表读者的。他是监督出版商产品的执行者。他须制止劣品的发行,奖励那与群众有利的。他应像个滤斗,书评应把出版商的影响由读者身上隔开。精细地淀去一切渣滓,使只有健康的,正确的,美的,才为读者接近。

书评成为变相广告时,这滤斗便不存在了,因为广告的用意是诱惑,是叫卖,是鼓吹。只要能吸引上读者,它无所不为。

牛津大学出版社经理说:"放远了看,书评只能在不顾销路中帮助销路。"当书评鼓励起大众读书的兴趣和辨识力时,好的书自然流行了。

书评家宁可改业广告,也永不可利用批评者的名义为出版商当推销员。

书评与书评家

看起来,书评家肩上的负担真不轻:出版家要他把书当作新闻代替广告;图书馆员逼着他说一句"值不值得买"的负责话;刚开口要估价,作者气了,要他欣赏,要他鼓励;书评家正皱眉呢,读者——他的真实听众,却掉转身去,离开他了。

多少书评家因为挑不起这担子而改业了。

一个有脊梁骨的书评家却不能因难而辍,撒手不干。他能在不顾及任何一方中,满足各方合理的欲望。

如果书确是很好。他并不吝惜好话：他虽不拙劣地说"值不值得买"的话，却把内容具体地估价了；对于作家，像聪明的母亲给孩子糖果，他非不鼓励，却有节制。当他对读者解释书的好处时，他知道作者也在旁边窃听着呢。意识到这点，他永不说泄气话。他不以恭维取悦作家，正如他不以书评家的宝座威胁作家。他以正大光明的态度使作家折服。但他并不在意折不折服。他尊重的是批评工作本身，而不是作家个人。

他把读者看成智力的平等者。那是说，他并不武断地强迫读者接受他的意见，也不像一塾师卖弄学问。读者的好恶是受风气支配的。但他不追随那风气。他不固执，对自己却有信仰。所以他才能不问风气，不管某大学者的意见如何，仍勇敢地写出自己真实的意见。

第二辑

大家谈书评

谈书评

朱光潜

谈到究竟，文艺方面最重要的东西还是作品。一个人在文艺方面最重要的修养不是记得一些干枯的史实和空洞的理论，而是对于好作品能热烈地爱好，对于低劣作品能彻底地厌恶。能够教学生们懂得什么才是一首好诗或是一篇好小说，能够使他们培养成对于文学的兴趣和热情，那才是一位好的文学教师，能够使一般读者懂得什么才是一首好诗或是一篇好小说，能够使他们培养成对于文学的兴趣和热情,那才是一位好的书评家。真正的批评对象永远是书评家,真正的批评成就永远是对于作品的兴趣和热情的养成。

书评家的职责是很卑恭的。他好比游览名胜风景的向导,引游人注意到一些有趣的林园泉石寨堡。不过这种比拟究竟有些不恰当。一个旅行向导对于他所指点的风景不一定是他自己发现出来的,尤其不一定自己感觉到它们有趣。他可以读一部旅行指南,记好一套刻板的解释,遇到有钱的主顾把话匣子打开,把放过几千次的唱片再放一遍。书评家的职责却没有这么简单。他没有理由向旁人说话,除非他所指点的是他自己的发现而且是他自己爱或憎的对象。书评艺术不发达即由于此。事实上,一个人如果不以书评为职业,就很难有工夫去天天写书评,而书评却不如旅游向导可以成为一种职业,书评所需要的公平、自由、新鲜、超脱诸美德都是与职业不相容的。

常见的书评不外两种,一种是宣传,一种是反宣传。所谓"宣传"者有书店稿费或私人交谊做背景,作品本身价值是第二层事，第一层要推广它的销路，在这种书籍的生存战争中，它不能不有人替它"吹"一下。所谓"反宣传"者有仇恨妒忌种种心理做背景，甲与乙如不同派，凡甲有所作，乙必须闭着眼睛乱骂一顿，以为不把对方打倒，自己就不易抬头"称霸"。书评失去它的信用，就因为有这两种不肖之徒如劣马害群。书评变成贩夫叫卖或是泼妇斗鸡，这不但是书评末运，也是文艺的末运。

　　书是读不尽的，自然也评不尽。一个批评家应该是一个探险家，为着发现肥沃的新陆，不惜备尝艰辛险阻，穿过一些荒原沙漠冰海，为着发现好书，他不能不读数量超过好书千百倍的坏书。每个人都应该读些坏书，不然，他不能真正地懂得好书的好处。不过在每个时代，每个国家里坏书都"俯拾皆是"，用不着一个专门家去把它指点出来。与其浪耗精力去攻击1000部书，不如多介绍一部好书。没有看见过小山的人固然不知道大山的伟大，但是你如果引人看过喜马拉雅山，他决不会再相信泰山是天下最高峰。好书有被埋没的可能，而坏书却无永远存在之理，把好书指点出来，读者自然能见出坏书的坏。

攻击唾骂在批评上固然有它的破坏的功用，它究竟是容易流于意气之争，酿成创作与批评中不应有的仇恨，给读者一场空热闹，而且一个作品的最有意义的批评往往不是一篇说是说非的论文，而是题材相仿佛的另一个作品。如果你不满意一部书或是一篇文章，且别费气力去诅骂它，自己去写一部比它较好的作品出来，至少，指点出一部比它较好的作品出来！一部书在没有比它再好的书出来以前，尽管是不圆满，仍旧有它的功用，有它的生存权。

批评的态度要公平，这是老生常谈，不过也容易引起误解。一个人只能在他的学识修养范围之内说公平话。对于甲是公平话对于乙往往是偏见。孔夫子只见过泰山，便说"登泰山而小天下"，不能算是不公平，至少是就他的学识范围而言。凡是有意义的话都应该是诚实话，凡是诚实话都是站在说话者自己特殊立场扪心自问所说的话。人人都说荷马或莎士比亚伟大，而我们扪心自问，并不能见出他们的伟大。我跟人说他们伟大吗，这是一般人所谓"公平"。我说我并不觉得他们伟大，这是我个人学识修养范围之内的"公平"，而一般所谓"偏见"。批评家所要的"公平"究竟是哪一种呢？"司法式"批评家说是前一种，印象派批评家说是后一种。前一派人永远是朝"稳路"走，可是也永远是自封在旧窠臼里，很难发现打破传统的新作品。后一派人永远是流露"偏见"，可是也永远是说良心话，永远能宽容别人和我自己的兴趣。这两条路都任人随便走，而我觉得最有趣的是第二条路，虽然我知道它不是一条"稳路"。

佛朗士说得好："每个人都摆脱不开他自己，这是我们最大的厄运。"这种厄运是不可免的，所以一般人所嚷的"客观的标准""普遍的价值"等终不免是欺人之谈。你提笔来写一篇书评时，你的唯一的理由是你对于那部书有你的特殊的见解。这种见解只要是由你心坎里流露出来的，只要是诚实，虽然是偏，甚至于是离奇，对于作者与读者总是新鲜有趣的。书评是一种艺术，像其他一切艺术一样，它的作者不但有权力，而且有义务，把自己摆进里面去，它应该是主观的；这就是说，它应该有独到见解。叶公超先生在本刊所发表的《论书评》一文里仿佛说过，书评是读者与作者的他解和趣味的较量。（原文不在手边，记得要旨是如此。）这是一句有见地的话，见解和趣味有不同，才有较量的可能，而这种较量才有意义、有价值。

天赋不同，修养不同，文艺的趣味也因而不同。心理学家所研究的"个别的差异"是创作家、批评家和读者所应该同样地认清而牢记的。文艺界有许多无谓的论战和顽固的成见都起于根本不了解人性中有所谓"个别的差异"。我自己这种感觉，以为旁人也一定这样感觉，旁人如果不是这样感觉，那就是他们荒谬，活该打倒！这是许多固执己见者的逻辑。如果要建立书评艺术，这种逻辑必须放弃。

欣赏一首诗就是再造一首诗；欣赏一部书，如果那部书有文艺的价值，也应该是在心里再造出一部书。一部好的书评也理应是这种"再造"的结果。我特别着重这一点，因为它有关于书评的接受。无论是作者还是读者，对于一篇有价值的书评都只能当作一篇诚实的主观的印象记看待，容许它有个性，有特见甚至于有偏见。一个书评家如果想把自己的话当作"权威"去压服别人，去规范别人的趣味，一个读者如果把一篇书评当作"权威"，恭顺地任它规范自己的趣味，或是一个创作家如果希望别人对于自己的著作的见解一定和自己的意见相同，那么，他们都是一丘之貉，都应该冠上一个共同的形容词——愚蠢！

如果莎士比亚再活在世间，如果他肯费工夫把所有讨论、解释和批评他的作品的文章仔细读一遍，他一定会惊讶失笑，发现许多读者比他自己聪明，能在他的作品中发现许多他自己所梦想不到的哲学、艺术技巧的意识及许多美点和丑点。但是他也一定会觉得这些文章有趣，一样地加以大度宽容。懂得这个道理，我们就应该明了，刘西渭先生有权力用他的特殊的看法去看《鱼目集》，卞之琳先生诚然可以声明，却大可不必埋怨，刘西渭先生没有了解他的心事，而我们一般读者哩，尽管各人都自信能了解《鱼目集》，爱好它或是嫌恶它，但是终于是第二个以至于第 n 个的刘西渭先生，彼此各不相谋。世界有这许多分歧差异，所以它无限，所以它有趣，每篇书评和每部文艺作品一样，都是这"无限"的某一片断的缩影。

（载《大公报》1936 年 8 月 2 日）

我对于书评的感想

沈从文

最不讨好,又最容易发生私人思想;最宜公平,却又容许相当偏见存在;最需要避免私人爱憎和人事拘牵,却又似乎不能不受私人爱憎和人事拘牵;本身无永久价值,然而间接又最有影响;文学运动少不了它,同时又毫不需要它,这就是书评。这个名词看来充满了矛盾,因为它的目的有矛盾。它要兼顾好几个方面,应当是一个作品的回声,又希望成一群读者的指路石。

它恰如俗语所说"一石打二鸟"的那个石头,要打中的是作家、读者和他自己。这里也许只有两只鸟,其一是作家,其一是读者。也许共有四只鸟,另外还有两只无形的大鸟,编辑先生和出版家。也许那鸟儿比我所说的还要多,因为作家是一群,读者是一群。石头只有一个,鸟儿那么多,书评当然不容易作了。书评家工作的反应,不是被人戴上一顶谄谀的帽子,就是被人指为一件攻讦的武器,给人的印象总不大好,那是很自然的。一个稍有自信的作家,似乎照例对书评和书评家缺少尊敬,看得很轻。这轻视的理由说来可笑,原来恰好是对它希望太大。

　　我们倘若真的轻视书评,那就到此为止,不用提了。若重视书评,对它一定抱有两种感想:一是觉得它"很"庄严,一是觉得它"容易"得很。倘若它能尽职,譬如说:它能将一个作品——尤其是被流行的有商业味的概念所抑扬的作品——加以分析和解释,扼要而具体地指出内容的得失,一切能作得恰如其分,见解既深切、透辟,态度又诚实坦白,且笔下生动亲切,本身还是一篇好文章，它沟通了作者与读者的间隔，缩短了作者与读者的距离；对作者而言它是一个净友，对读者而言它是一个良友。它的意见当然是庄严的。但倘若有人把书评目的当作媚悦友好、侍候编辑、应酬出版家、蒙蔽读者的工作，看作品不过浮光掠影，下断语又只是应景凑趣，随笔写来，敷衍成篇，言之不诚，便用"政术""战略"等自欺欺人，他的结果当然堕落。

理想的书评是大多数人所期待的。可是理想的书评，事实上在过去、目前都不容易见到。一切事倘若我们都希望有一个好的将来，理想的书评也还得留待将来。它失败的原因还不在想打许多鸟，只是被许多鸟所妨碍，无从打任何一只鸟。我们不能无条件地说所见到的大多数书评都要不得，但必须明白大多数的书评在过去和当前情形中，实在不能十分尽职。不可免受党见、友谊，以及一个商业背景所控制、所拘束，去理想甚远。这些控制或拘束，有些方面也许将永远存在，负责的与其说是书评家的能力薄弱，不如派给作者、刊物编辑者和出版家的共同束缚。一个有见识和自尊的书评家，感于个人工作的重大，又明白习气之幽深，他不甘沉默，依然有所写作，执笔时或者还知道如何努力减少那个牵制或拘束。一个次一等的书评家，成就便难说了。

理想的书评有待于理想的书评家。一篇书评对作者、读者同样有意义，当然不容易。但如果一个书评家，对于近20年来中国新文学的发展长成有一贯的认识，对于一个作品的价值和内容得失能欣赏且能说明，执笔时不敷衍、不苟且，这样子写成的书评，至少对于读者是有意义的。理想的书评家应当是懂得各种作品，且能够切中肯綮地说出那个作品得失的人，这种人的产生固有待于从事书评者本身能力的培养，以及责任意识的觉醒，其实另外也还得作者、刊物编辑者和出版家的共同关心，以及对书评价值加以重新的认识，方有希望。

这是我们当前的一点事实。我说的是作家的小气、自私——尤其是在社会上比较有地位的作家，量小胸窄，说来真令人难以相信。工作粗心的或能力不足的，在翻译介绍上有了若干错误时，书评家若特为指出，不特不能引起这种粗心浮气的人自惭或感谢，还竟然因此一来即结成一种仇怨。若批评的是创作，则不问这作品如何拙劣平凡，一点公正的批评，照例也以为是评者有意的损害。便是批评他的朋友的作品，批评他的偶像的作品，也不可能。"欢迎莫名其妙的捧场，难忍受斤两相称的忠告。"大部分作家具有这种害神经病不健全的倾向，刊物编辑者是明白的。编辑者欲刊物热闹持久，照例又需要作家的帮忙。因明白作家这种小气自私情感，很容易转而成为不合作的行为，人事上不能不小心，自然多怀着"不得罪于巨室"的可怜心情，支持他那个地位。对于书评者的书评，所给的范围可想而知。一个出版家又另有他的生意经，把书评看得更"物质"一点，或用书评作为广告以外的应时，略有点缀，所有书评，当然褒多于贬。或也彼此之间略有抑扬，然终不能与商业习惯背道而驰。巧黠者甚至于把变相的广告，以及用一纸书券请来的读后感，一例当作书评，设法载出。书评消极的被三方面限制于前，积极的又被这种无价值的书评混淆于后，当然越来越不能给人注意，地位也越来越低落了。

涉及出版家的事，为营业起见，当然得印行各种书籍，书籍出版后当然尽力推销，我们对之似不能作何种奢望。补救方法有一个，就是读者此后遇到什么出版月刊、新书月报及类似这种刊物，赞美到什么新书诗，且作有保留的注意，攥紧荷包，就可以少受一些损失。

对于刊物编辑人呢，必须能够多负一点责任，多有一点业务上的尊敬，爱朋友也爱真理，承认现状之糟糕，且知道如何努力慢慢地来打破现状。

对于作家呢，真需要变一变态度，对书评有种宽容！大多数作家把书评只看成一个人对于某种作品一点反应，一点意见，事情就简单多了。一个作家既有把作品散播于群众的权利，就得承认读者有对于这个作品自由表示感觉的权利。一个作家作品的对象是现在未来无数读者，读者之近于攻评的批评，他不会在意，有意阿谀的批评，他也不会在意。要书评能够成为新文学运动之一部门，帮助新文学在建设上繁荣，必先来努力解放书评,使它比较多一点自由发展的机会。解放书评最重要的一件事,我以为就是三五有地位的作家的反省,态度坦白一点,光明一点。

年来常有人拈起"中国为什么无伟大作品产生"的问题来讨论,因此有机会拜读了许多名人的名文,明白好些重要事实。可是大家似乎都疏忽或避开了一个小小事实不谈。我们在任何文学刊物上,都可以看见"自由"这个名词,殊不知事实上我们这个文坛就那么不自由,文学口号上最普遍的是"打倒偶像",殊不知事实上有多少作家编辑就正在那里小心谨慎地给我们重创偶像。结果成为少数作家市场独占而多数作家出路毫无,批评家想欲有所纠正,打倒偶像,书评写来又那么不自由。文坛上的作者集团和编辑集团,以巩固当前利益支持当前地位为基础的态度不改变,就无形中在鼓励平凡,鼓励模仿,奖励捧场和献媚,且奖励作家放下笔来联亲结友,把书评家置为一个清客。想从这种情形中产生伟大作品,岂不是痴人妄想?

我们对于作家态度编辑态度自然的转变,倘若无可希望，又明白社会上某种不好习气，日趋堕落，虽能够产生二三空洞的伟大人物，却无从产生具体的伟大作品，书评的自由解放也正是整个文学运动的自由解放，书评家似乎还应当好事一点，来努力共同实现一个专载书评的单独刊物。这刊物不受任何拘束，完全以善意和热诚来注意一切新作品，批评一切新作品，对一切被习气所疏忽、时髦所称颂的作品，都老老实实地来给一个应得的估价。它也许和作家个人都显然离得很远，却将和整个文运的发展关系异常密切。我希望有这种好事者。因为我看看似乎也唯有这样的刊物，书评本身才会在读者中重新建设一个庄严的印象。否则，书评家就只好沉默。一说话，倒真真像个清客，所有工作的意义，除维持这个愚而伪的不健全的现实场面以外，别无作为可言！

（载《大公报》1937年1月17日）

我如果是一个作者

叶圣陶

我如果是一个作者,我如果写了一本书,希望写书评的人第一要摸着我心情活动的路径。在这条路径里,你考察,你赞赏,发现了美好的境界,我安慰地笑了,因为你了解我的甘苦。或者发现了残败的处所,我便不胜感激,因为你枪杀了我的缺失。

书评是写给作者看的,假如没有摸着作者心情活动的路径,任你说得天花乱坠,与作者的书全不相干。

同时书评是写给读者看的，读者读的是这一本书，假如没有摸着作者心情活动的路径，无论你搬出社会影响的大道理或是文学理论的许多原则来，与这一本书全不相干。

我不喜欢听一味的赞扬，也不喜欢听一味的斥责。一味的赞扬适用于书局的广告，书局的广告常常使读者感到肉麻，尤其使作者看了难过。你，写书评的人，何苦使我难过呢？一味的斥责，父亲对于儿子，教师对于学生，尚且要竭力避免，为的是希望他悔改。你，写书评的人，对于我来这么一味的斥责，是不是在说我在写作方面的成功，真是"他生未卜此生休"了吗？我承认这一回的过失，但是我愿意悔改，你为什么不给我开一条悔改的路径呢？

我喜欢听体贴的疏解。假定我有些微的好处，你给我疏解为什么有这些好处，我就可以在这方面更加努力。假定我有许多的缺失，你给我疏解为什么会有这许多缺失，我就可以在这种种方面再来修炼。你同情于我，你看得起我的书，肯提出笔来写书评，这种体贴的美意是不会缺少的.也许你的笔稍稍放纵了一点,写成的批评只是把我的书标榜或是示众,但是依据你这种美意反省一下,就会觉察这是阿好者或是仇人的行为,不特无益于我,而且违反你对于我的美意,于是你不由得要"改弦更张"了。

疏解以外,直抒所感也是一种批评的方法。直抒所感往往需利用比喻,如说"仿佛走进了一座庄严的殿堂""宛如看到了一个状貌态度服装器用各不相称的人物"。这种批评对于读者比较有意思。读者看过作品,再来看这种批评,好比游历回来,听同游者谈所得的印象,谈来和自己的印象相合,固然有印证的乐趣,如果和自己的印象大相径庭,也可以把过去游踪重行回味一下。这种批评对于作者,用处似乎较少。无论说作品仿佛一座庄严的殿堂,或者宛如一个状貌态度服装器用各不相称的人物,总之不过描摹了作品的一种光景罢了,而作者所要从批评者那里听到的不只是自己作品的一种光景。

批评者不能不有一副固定的眼光,这里所谓眼光,并不单指眼睛看事物而言，却包括着通常说的人生观和世界观。眼光来自生活，一个人的一生眼光即使有转变，可是在某一段时间以内是固定的。教他用一副眼光去看这件事物，更用另外一副眼光去看那件事物，事实上很难办到。所以我不希望批评者随时转变他的眼光，只希望批评者不要完全抹杀他人的眼光。万一我的眼光与他的不同，且慢说"要不得""不可为训"那些话儿，不妨站在我的地位设想，看看我这种眼光怎么来的，然后说依他的眼光来看，结果完全两样。也许我给他说服了，我的眼光就会来一个转变。这是他的胜利，而我对他也将感激不尽。

有一些批评者似乎有一种偏嗜，好比吃东西，他们偏嗜着甜的或是辣的，就觉得甜的或是辣的以外都不中吃。不幸我的东西偏偏不是甜的或是辣的，不中吃是当然的事情。但是我也不觉得惭愧，因为本性既已注定，无法为了迁就他人的口味，硬要变作甜的或是辣的。

（载《大公报》1937 年 5 月 9 日）

我只有苦笑

巴 金

我看了你寄来的那位不署名的书评家的文章。我奇怪你为什么要替我生气。我自己读完那文章以后并没有愤怒。我有的只是苦笑。但苦笑之后我仍有所得,我究竟多知道了一点东西。我看清了一种人的面目。我计划中的某一部小说里面就会有这样的一位书评家。倘使我那时要告诉读者我那部小说的人物典型是怎样逐渐发展而形成的,我就得提到这篇书评。这是必需的。

因为我读这书评,我研究这书评,我的眼前才慢慢地现出了那位书评家的英勇的姿态。我把这些事写出来,主要的原因是作为一个小说家把我创造一个人物典型的过程向读者说明。我并不是因为怕那位书评家疑心我把他当作模特儿而写给他看的。这是很浅显的道理。连不会使用"艺术"这法宝的也能够明白的。

同样我写《爱情三部曲总序》,主要目的也就在把我创造人物典型的过程告诉读者。只有那位嗅觉特别敏锐的书评家才会在这文章里嗅出别的气味来。他便武断地说我的文章"应当专给他(指我)那些朋友疑心被巴金先生作为创作的模特儿们的先生们看的"。我不知道那位书评家有什么权利,可以代表读者们说话,可以抹杀读者。他自己说过"书评"和"批评"不同,但他却忘了"书评"的对象是读者,不是"作者"。他那篇书评明白地摆在每个读者的眼前。我可以斗胆地断定说:不管《爱情三部曲》写得好或坏,但为了了解那作品,我的总序却比那书评更有用。

我自己明白地叙说了我的小说中的人物和真实人物

中间的距离。那位书评家却因为我把我创造人物典型的过程详细说明,就教训我不懂得小说和历史或传记的区别。他似乎太聪明了。不过我倒疑心他自己就不懂历史。我也略略研究过历史,这类的书籍我也读过几本。但历史并不就是"将现实网罗了,一丝不少都翻译成文字"。历史也并不单是"在实生活中取材"就尽了它的任务。历史是什么?我们随便找个初中生来询问,也可以得到满意的答复。而我们书评家最好还是去和初中学生讨论历史和小说的区别罢。

那位书评家的唯一法宝就是艺术。但艺术这东西无论如何是离不了人生的。而且艺术的标准并非固定的、唯一的。读者能否了解欣赏一个作品,也不能以作品的艺术价值高低而定。生活、环境、教养甚至可以决定一个人的意识形态,更何况艺术的观点!那位书评家责备我"和托尔斯泰犯了同样的错误"。我不知道托尔斯泰犯了什么错误。至于我,我不过指出来,在一个作品里面常常有些极平凡、极简单的处所,因为真实也能感动人。书评家拿"安排好适当的气氛,多运用点艺术"的大道理来教训我。书评家的生活、环境、教养决定了他的意识，决定了他的艺术标准。我记起了一件事，从前在俄国，当屠格涅夫和格列哥洛维奇的描写农奴生活的小说发表的时候，许多高等文人甚至惊讶地问道："他们那种人居然会有感情，居然也知道爱吗？"在书斋里生活惯了的人对于《电》里面的许多处所，自然是不能够了解的。

半年前我还读过另一位书评家的文章，说我的某一篇小说里面的一件事情，是不会有的。但不幸我就亲眼见过那事情，而且我知道现在还常常发生那类的事。做了一位书评家，只因为自己的生活经验太少，就随意抹掉这抹掉那的。对这样的人我只有苦笑。

还有呢！我有个朋友，写了一篇小说，他决不是拿失业做主题的。他的文章发表不久，就有两位书评家出来把那篇小说恭维了一遍，说那是失业为题材的佳作。我那朋友读了那些书评，也只有苦笑。

我们只有苦笑，因为在中国就只看见这样的书评家……

（载《大公报》1937年5月9日）

《大公报》专栏之《作家们怎样论书评》，
1937年5月9日

假如我是

李健吾

什么是批评家？

巴尔扎克说是从事于文学和艺术而失败了的人。蒲柏先曾这样讲过，随后迪斯累里又这样宣示。不说外国，单从中国举一个例吧，我们批评的祖师爷曹丕，想想他的兄弟，你就得承认这句话或者定义的十足的力量。然而，同样我们必须明白，这样贬斥批评家的，很少是批评家自己，十九是受他批评的创作家。达拉斯曾经有趣地描述道：

"约翰生把批评家说作补锅的，弄出来的毛病比补的还要多；巴特勒说作处决才智的法官和没有权利陪审的屠户；斯梯尔说作最蠢的生物；斯威夫特说作狗、鼠、黄蜂，最好也不过是学术界的雄蜂；申斯通说作驴，自己咬够了葡萄，便教人来修剪；巴恩斯说作名誉之路的打劫的强盗；司各特（以上人均为英国作家、诗人）幽默地反映着一般的情绪，说作毛毛虫。"

为什么一个创作家那样痛恨一个批评家？为什么把他骂得那样狠毒？为什么？

让我们从头看起。

说到这里，我们必须停住继续一下曹丕。在他那篇虽说简单然而提出种种重要问题的不朽的论文里面，他开首指出建设批评的必要。为什么他要在《典论》之中加进一篇《论文》？为什么"文人相轻"？为什么一个文人指摘另一个文人，就容易不公不允？他告诉我们一个基本的条件，不是别的，一种心理的现象，到了物质文明的今日，便成为生存宗派利害冲突的蓝本。我们不得不放下文学和艺术甚至于道德，专门来干造谣、攻讦，揭发隐私和其他"文人相轻"的勾当。曹丕第一次提醒我们，避免这种恶劣的风气，求得一种公允的评听，我们需要一种超然的心灵。他用他当代的文人来试验自己，这些当代的文人都是他的师友。曹丕的试验是胜利的。他肯定中国批评的基础。如若曹丕诗赋的才分赶不上曹植，至少他批评的才分和他相等。而且想想他是一国政治的领袖，竟然破除陈见，主张"文章经国之大业，不朽之盛事"，再想想曹植把辞赋看作"小道"，即或后者自有他的仇忿，我们立刻就会把曹丕推为文学功臣，甚至于我们要承认他的影响，在某一意义上，比曹植要大出若干倍。

我们尊重天才，因为天才是一种权利。但是我们自来的错误，在把天才看作诗人的专利。行行有状元，有的给我们留下一句诗，有的给我们留下一个观念，有的给我们留下一件实用的器皿。从前我们把天才看作一种神意，如今我们予以修正，说天才等于忍耐。如若诗和批评是两件事，我们怎么就好贸然加以高下的区别？曹丕的诗赋不如曹植，然而曹丕自有他的永生之道。

于是我们有了批评，一种独立的、自为完成的、犹如其他文学部门的尊严的存在。

然而一个人不是一架机器。他有多方面的活动。我们必须允许曹丕写诗，犹如我们承认曹植有他的文学见解。说到这里，我们不得不同意于王尔德的是是非非的议论："没有批评的官能，就没有艺术的创造。……所有良好的想象的作品，全是自觉的，经过思虑的。……因为创造新鲜形式的，正是这种批评的官能。创造的倾向是重复自己。每一新派的跃起，每一艺术应手的形态，我们全得之于批评的本能。……每一新派出现的时候，全都反对批评，殊不知它之得到它的时候，正仗着这种批评的官能，只仗着创造的本能，我们得不到新东西，得的只是重复。"

这就是说，每一个人在某一意义上，全是一个批评家。有的是伟大的创作家，同时也是了不得的批评家。莎士比亚的同戏子议论的哈姆雷特、莫里哀的指摘情滥的诗的阿尔西斯特都是他们批评有官能卓越的活动的证明。这也就是为什么詹姆斯·亨内克以为："巴尔扎克是一个优越的批评家,当他把司汤达的《巴马修道院》敬重为一部杰作的时候;同样爱默生是一个优越的批评家,当他给惠特曼写信的时候。"正因为每一个创作家具有经验、甘苦、见解,所以遇到一个批评家过分吹毛求疵的时候,犹如巴尔扎克恨不能够拿钢笔插进人物的身子。同样,读到沈从文先生最近印行的《废邮存底》,一本发人深省的可爱的小书,我们会遇见这样的话:"有时人会做得出动人的书评,把很好的文章说得极坏,把极坏的文章说得很好,但也不能称为懂创作的人。"这话是对的,犹如近代一个伟大的批评家,几乎把所有同代第一流的大文豪说个玉石不分。然而,沈从文先生在他创作之外,也写过一本《沫沫集》(绝版),批评同代的著述。每一个人都有批评的本能,正如沈从文先生所谓:"他(一个创作家)不必会作批评文字,每一作品在他心中却有一个数目。"这里所谓的"数目",饶恕我的直率,还只是一种批评的官能，或者官能再加上修养。

唯其人人具有批评的官能，犹如每一个年轻人都有一阵子写诗的热狂，批评之所以成为批评也就越发艰难，而批评家的使命也就越发重大，而其成就也就越发可贵。唯其人是人，不是一尘不染铁面无私的神鬼，创作家必须原谅批评家（一个真正的批评家），而且在可能中，帮助他完成理论。宇宙的美丽正在无物不备，物物相成相长。这个人和他的事业是另一个人的材料，而另一个人和他的制造又将是另一个人的材料。同时一个批评家，明白他的使命不是摧毁，不是和人作战，而是建设，而是和自己作战，犹如我们批评的祖师曹丕，将有良好的收获和永长的纪念。

所以，假如有一天我是一个批评家，我会告诉自己：

第一，我要学着读书；

第二，我要学着领受；

第三，我要学着自由。

同时，假如有一天我是一个创作家，我也要告诉自己：

第一，我要学着读书；

第二,我要学着领受;

第三,我要学着自由。

我没有篇幅来解释我自己,让聪明的人各自给各自一个更好的解释,或者纠正,让我们虚下心,低下头,为了学习勇敢、大方,尤其是,为了学习学习。

(载《大公报》1937年5月9日)

书评家即读者

施蛰存

上星期我曾写了一篇小文,谈到目下文艺批评家的一个公式主义,如今《大公报》文艺栏编辑有来信要我表示一点对于书评的感想,我觉得,关于这方面,恐怕还只有这一点可说,这里一段文字,就算是我对于那篇文章的阐述或引申吧。

批评即判断,判断的标准是真、善、美,批评家的文艺理论无论变化到怎样,作家们的文艺技巧形式无论变化到怎样，我想，这原则是始终不会变的。但是因为文艺是一种最没有度量的东西，它不是黑色之于白色，除色盲之外，每一个看到的人都能够判断是黑抑是白。它又不是酷寒与盛暑，除病患者之外，每一个人都能感觉得到。一件文艺作品，只有一个人能写出来，换一个人写出来的就是另外一件东西了，所以它对于读者的感召也各个不同了。

因此，文艺批评的原则虽然简单，但文艺作品有着这种特殊的人性的关系，两个读者对于同一篇作品不会有完全同样的意见。

文艺批评家，纵然他有多大的文艺修养，纵然他有多大的辩才，实际上，他并不超过于一个能够说出他的读后感来的读者的地位。易言之，他是一部分读者意见的代言人而已。

一切的文艺作品都是诉之于一般读者的，包括批评家在内，也并不是先诉之于批评家，而后由批评家之手转呈于一般读者的。

因为如此，所以批评家应当以一个读者的立场去批评一本书，不应当超越了读者的立场，而以一个特殊人格去批评一本书。

读者对于文艺作品的要求，无论怎样说法，差不多只是欣赏与消遣。一件文艺作品若能成为大多数读者的好的（即真的、美的、善的）欣赏品或消遣品，它就是一件好的文艺作品。没有一个政治家会把一本以政治为题材的小说当作参考书，也没有一个研究畜牧的学生会把讲到南美洲垦荒的小说作为教本。批评家若不以一个读者的欣赏态度去看一个文艺作品，而以自己所熟谙的一套理论去衡量一个作品，则他对于一个文艺作品的判断，绝不能代表大多数读者。

我不反对批评家的公式主义，因为这些批评家的理论公式多数是从许多读者经验中归纳出来的。但若是一个文艺批评家始终只用一种公式去判断各方面的作品，那就是大错误了。我曾经举出"政治意识之检讨"作为近来批评家所持唯一公式之例，其实也不只此，目下的批评家，我觉得似乎很少有全才，有的人似乎只分到了批评家才能之一部分。在他所了解的一部分中，他或许能说出很大的理由来，但在他所不了解的地方，他对于一件作品的感受，似乎反不及一个寻常的读者。而他费了很大的劲对于一件作品所下的准确的判断，却往往在他所不了解的这一部分中显出是谬误了。

除一部分没有文艺天才，也没有文艺修养，而且还奉批评家为神明的作家之外，没有一个作家在写作之先就顾虑到他的作品将对于读者发生何种影响的。纯粹的文艺作品，其写作的动机，常常是只有一个冲动。这个冲动之具体的表现，即被作者之天才及技巧所决定，文艺作家尽可以是一个爱国的国民，但他的作品不必每篇都以爱国为题材。但当然他不会在作品中赞美汉奸。批评家若不能了解创作家的人性，即不能了解创作的动机，而又不甘以一个读者的欣赏态度去看这作品，他的批评也必然不会被作者所心折的。

以一个读者的心境去看作品，而以一个了解各种文学的艺术的智慧去探索作者的灵魂，从而考察这作者的灵魂在他的作品中是否表现到了至真、至善、至美的境界，使大多数读者感觉到你已代替他们说了褒贬，使一部分读者觉得你已帮助他们定了褒贬,这就是已尽了批评家的责任。

但是,在中国,这似乎很难。自以为能了解陶渊明的隐逸生话者偏不了解他的《闲情赋》,结果他对于陶渊明还是不了解;自以为能了解欧阳修一生大节者偏不了解他作艳词的心境,结果他又何曾了解得欧阳修。自古如斯,于今为烈,能够从各方面去了解一个作家的著作者,真是太少了。

(载《大公报》1937 年 5 月 9 日)

批评家的路

艾 芜

倘若作家只想做一个厨子,做些美味给读者吃,那他就无权利过问那些批评的嘴巴。即使有人舌头上生起厚苔,连奶油菜心之类,也说缺少一点什么,他听见,也仅能皱皱眉头,他不能生气说:"来嘛,你来试试看!"或者对食客低声下气地,表示一点希望。

如果作家还打算做社会的医生,研究中国人的毛病在哪里,要什么药才可以救治,又要怎样才能得到理想的人生。那批评家对于说明病状的单子及药方，即作家的作品，就必得不能够信口雌黄。他在具备一个批评家应有的各种条件之外，还要研究人生。

说到研究人生，批评家就不及作家来得仔细。批评家第一注意的，是从政治、经济等方面，去观察普遍的社会。作家则除此而外，还要个别地去解剖人物。看他是怎样生活着的，时代和阶级在他日常生活上打着怎样的烙印。理想和现实，在他内心里又有着如何的冲突。他的个性怎样，如何造成。然后再根据许多这样的研究来类型化人物，来造出典型。并且往往一个作家，比批评家经历丰富，对人生也看得多些。然而批评家不但批评他一人，还要批评其他许许多多的作家呢。请问：单凭观察社会得来的原理，以及前人留下来的几本理论书，这就够吗？何况，大多数批评家，常常过于性急，并不仔细研究，就赶忙设定不成问题的原理，制造衡量文艺的尺度。你的作品里面，什么东西缺少哪，人物为甚那样落后呀，收尾怎么那样不革命哪，喧嚣一阵。没有定见的作家，给闷慌了，赶紧尾随去，于是作品上会发生怎样的现象呢？——那就是公式主义。有定见的作家呢，便气得肝火上冒。鲁迅先生说中国批评家的话，等于道士乱谈，还是去读外国批评家的文章吧（此是大意，详文见答《北斗》编者的信，载《北斗》上）。但外国批评家，又挨高尔基的骂："批评家无论如何没有影响过我。特别是现代的批评不适于影响人。……'初学的'青年作家，受他的害处，是不轻的。"

照前面的情形看来，批评家不是简直该死了吗？不，当然批评家是有他的路的，而且还很广大。这就是要批评家观看作品的时候，不应先存成见。比如写农村，作家只就主题表现出封建的黑暗，批评家却摇头喊道："见鬼，处处都显着不景气，为什么农村破产的影子一点都没有。呀——并且就是单看报，也看见饥民成群结队的哄斗的，吓，这简直是歪曲现实！"那么这一来什么作品都被抹杀了。但如果照批评者的话，全部填上，那要求现实的结果，我想反而会得到千篇一律的公式的。因此批评家必得先要承认这篇作品是作家表现出来的某一部分现实，然后由这点出发，讨论里面的人物是不是活的，作者在他们身上所表现的观点，是不是进步的……到这里就用得上作家的主见了。由这样情形产生出来的批评，我想作家是欢迎的吧？

（载《大公报》1937年5月9日）

书评家的限制

常 风

文学批评中的各种思潮,也和各种文艺思潮一样,表面上看来,一个思潮和它的继承者与后继者如何矛盾,不能相容。假若我们能取一个超然的态度,将各种思潮当作一个有起有伏的有机的连续,则我们将发现,它们实际不唯不矛盾,且是虽似相反而实相成的。后起的一个新思潮往往是前者的补充与改正。一切都是向着"更完美"走的。文学批评中的各种思潮也是如此。

经过一阵波涛汹涌，海面终归平静，而这平静之后，不是又酝酿着一阵波涛汹涌吗？

所以，现在，在这前一世纪末在法国文坛上曾经引起剧烈争辩的新理论，"批评是心灵的探险"之前，我们想起当日它曾经如何毫不留情地攻击当时流行的批评理论，而在今日，它不是也已经遭遇同样的命运？我们觉得这是毫不足惊奇的当然之事。在一个未来的伟大的终鹄之前，每一个分子尽了它最大的努力，退休了。

许多文学批评的理论并不是偶然发生的，也不是凭空捏造出来的。即以西洋文学批评中的第一部书《诗学》来说，亚里士多德的意思并不是要给文学批评立法，让后人遵守。一个评者的对象是"作品"，不是"理论"。亚里士多德根据他那个时代的若干篇史诗和1000多种戏剧，更考察作者创作的情形和戏剧上演的情形，写了《诗学》。这是用精密的科学方法归纳而成的一部书。他只告诉我们：史诗家如何写他的史诗，悲剧家如何写他的悲剧，喜剧家又如何写他的喜剧。他还告诉我们：从各种史诗和戏剧的比较研究中，知道一篇诗或一篇剧应如何构造始能在读者或观者中产生预期的效果,我们又应该如何根据一篇史或一篇剧所企求的效果判断它的优劣。亚里士多德是一个非常开明的人,他没有一点独断。他的《诗学》只是他"神游于杰作之中"之后,谨慎周详而又很客观地写成的一篇报告。从来没有一部文学理论会像《诗学》那样针对作品说话的。他的文学理论是不容攻击的,因为它有那样坚实的根据——荷马的史诗与现在已遗传了大部分的1000余篇悲剧。他的理论就完全在这些材料上。但是到了文艺复兴时代,一班意大利注疏家都根据亚里士多德的"归纳"来了许多过分自由的、有害的"演绎"。于是后人说亚里士多德是独断的,他的理论也就被视为死板的条规了。"演绎"在文学批评上留了许多污点。"演绎"的结果令人误会了那被"演绎"的学说,同时也误用了那学说的限度。于是批评者都恭谨地依据他自己想象化了的死的教条(不顾它应用的限制如何),来评判活泼泼的作品。在这种情形下,"批评是灵魂的探险",攻击客观的形式的批评的理论,应运而生自是当然的事。

但是"灵魂的探险","神游于杰作之中"便可以解决批评中的问题吗?文学批评能不认"评价"为它的终鹄吗?假若承认文学批评的终鹄是"评价"或只承认文学批评须涉及"评价"的问题,那么"评价"的标准应在何处去找?

去了解作者,去重新体验作者的经验,以一种同情的态度去赏鉴作品,在读者与作者之间,与作品之间,树立一个亲切的关系,这是好的。然而这还不能解决根本问题:"评价的标准"。我们现在且撇过这问题,来看看一个批评家与作品之间的关系,即印象批评的理论在今日的批评中应用的限制如何。

批评家与作品之中永远保持着一个微妙的关系,一个微妙的距离。他须经验广博,如是始能接受作品所传达的一切。同时,他须使自己的经验受合理的限制,如是他才不致将自己的经验与作品中所传达的混而为一,不致任自己的情感沉溺在他所评的作品中,因而影响到评价。批评家需能"入"于作品,而又能"出"于作品。能"入",他才能体验作品中所传达的经验、情感、态度；能"出"，他才能离开作品，和作品保持一个适当的距离，冷静了他的头脑，来客观地分析、综合，比较这作品所予他的印象。照这看来，印象批评应用的限度只在批评的最初一个步骤，尽量去接受作品所传达的经验。但他却不能自拔于他自己过去的经验，他在作序中找那和自己的经验契合的，他恋恋不舍，他回想当年。归根说一句，他是过分"自我中心"。换一句话说，印象的批评家仅能"入"于作品。他只达到这个阶段，不能更进一步。

一直到现在，我们未搭上题："书评是心灵的探险吗？"我个人有一个偏见。我总觉得"书评"和"批评"不大一样。"书评"的"品"在我看比"批评"要低一等。同一个批评原理应用到批评及书评上也因之而异。书评可以说是批评的一种，但它不就是批评。批评的视野较书评广大，假若容许的话，我愿这样说，批评所着眼的是作者的整个精神活动，是比较抽象的理论，是从一部作品或一个作家来阐明一种文学批评的学说。书评却不必这样多，它只是着眼一本书就够了。书评也许要有理论，它也许是根据某一点理论来评骘，但他却不必直接来援引。一个写书评的人当然需要一个批评家所有的基本知识与训练——虽然他不必如后者那样渊博、精深。写书评的人在批评理论中找到触拨他心思的一点，他即可以根据这一点来论他所要论的书。他要完全以那本书为中心。我们还可以如此说，在达到评价的问题之前批评家和写书评者不妨是一样的，他们都需要了解那作品的作者创作的历程。但过了这一步，他们就要分歧了，因为他们的对象不同。批评所注意的是大的，书评者不妨是枝叶和琐细末节。更有一点批评家写他的批评有选择，书评者无选择。批评也许可以任他的心灵去探险，神游于伟大的杰作之中，书评者却没有，而且不该有这种特权。若干新作出版了，这就需要书评者来帮忙看了，将这些新书，不论好坏，告诉给读者，哪些书值得去购来读，哪些书不值得花费精力与财力。哪些书有什么可取，哪些书有什么可剔的地方。说得更简捷一点，书评者的职责与本分只在向读者推荐该读或不该读。因此，在表面上看来书评者与读者的关系似较密切，也因此，许多书店以书评者作它的活广告，但书评者的工作，在现代文明中的确是最需要的工作。各类的书籍都在大量地生产，读者需要先有人来代他阅读，代他抉择。这就是要书评者来效劳了。所以，有时书评者虽欲像批评家那样去仔细玩味一部作品，尽量去神游，然后字斟句酌写出美妙的文章，事实上却是不可能。他没有那样的余暇，而他的工作也没有那样高超。他仅需要很简单明白地告诉他的读者，正如书评的格式：某书，某人作，出版家，定价若干，出版年月及页数，然后再更进一步告他说，这书如何值得你来读，或者是一个警告，这书不值得你破钞。当然，我们还期望书评者的工作比这作得少商业化点，少消极点，然而事实所限，恐将只能如此。甚于此者，我们只能期待之于批评家了。我们再补充一句：批评当"文"，书评却当"质"。

就事实而说，容我很独断地答复这问题。书评很难说是灵魂的探险。虽然，书评者很想有这样的企求。

（载《大公报》1937年5月）

批评与探险

宗 珏

给书评定下一个范畴,这颇繁重而不易为。然而书评不能没有一个界限,不然把"读后感"或"读书笔记"之类都算作书评,则书评将成为不伦不类的东西。所以,书评应该是一个书评家对于一部著作所表现的思想或艺术的探讨,而给予它以公允的评价。一个著作家有一个著作家的人生观,在他自己的著作里所反映的虽不一定是他自己的行为,可是在这里却常常隐藏着自己的心境，有的是出乎无意，有的则是意识着要这样做。倘若书评家不能体会出作者和作品的情绪，那么就更谈不到给予他公允的评价，事实上自己对于这部艺术品已经无所谓理解。

萧乾先生说："比创作家感觉迟钝的评者是不配从事批评的。"这话正说中了其中的奥妙。因之，即使批评家与作家处于怎样相异的立场，有着怎么不同的见解，可是一临到这个场合，却不能不从客观的见地去体会作者的意境，捉住了作者所要表现的中心思想或主题。批评家也许有自己的主张，比如怎样处理题材或怎样刻画这个与那个人物等，意思尽可以提供，然而却不是"教训"，常常有些以批评家自命的人，只执着一些自以为然的成见，就来命令一个作者；不用说他对于作品在孕育和创作的过程，以及作者在这过程中所经历的情境，并没有什么剖析和体会的。自然更不用说他如何去洞见作者隐蔽在作品深处的灵魂了。托尔斯泰的作品之所以深深地蕴藏着宗教的神秘，高尔基的作品之所以有着流浪汉的气质，正是他们所各自形成的特点，而从这特点之中，也就深深地隐藏着他们自己的灵魂。有了这灵魂，所以才能明哲地分别出这个作家之所以异于那个作家，同一的题材（或相似的题材）的作品，这一部作品之所以异于那一部作品。

作家与批评家虽然无所谓"天才"，但是有时也许不免有先天的遗传或后天的摄养，这些都足以影响他们的才能。一个伟大的天才的作家，并不因为批评家的诽谤而失去价值。反之，一部伟大的作品，有着见识远大的批评家而倍显出它的鲜明的颜色。自古以来多少天才被黯然无色的社会所埋没，可是却从来没人能阻挠他在后代发出光辉来。庸俗的批评家尽管竭力蔑视好些珍贵的珠玉，然而他却减不了他们的光辉。美好的作品自会有它的读者。如果批评家看不出作者的心灵，批评将变了无的之矢。

自然，倘使把全部的批评都当作心灵的探险，则我觉得也颇不能尽然。心灵的探险这话用于艺术的批评上还无大碍，但是用来说一切的批评都是如此，就未免有些牵强。大抵一些自然科学或社会科学的书籍，不特无险可探，而且简直枯燥得像二口干涸的古井。批评这一类的书籍，每每总要凭借渊博的学识，因为要从这些书籍中去发现作者的谬误或正确的理论，或者指出其中的思想和实践过程……原本就不是一件容易的事。只有艺术批评才能算是心灵的探险。可是这探险常常也只能算是跑上了一个峰巅，居高临下，既把握了一部作品的重心，自然不难窥见其全貌。然而这说法也笼统得很，说句实话，完美的批评并不仅捉到这作品的重心而已，对于作品的特征和发展的过程，都应该有明确的分析，有时虽则不必过分细腻，但却不能忽视了任何一点。倘使只看到了树梢而看不到树叶和枝丫，则无论如何，你绝不能说出作者这一部作品为何异于另一部作品，同时，你将更无法说明他在自己创作过程中如何培养了自己的生命。

（载《大公报》1937年5月）

读者·书评·书评家

黄 梅

一、读者不是糊涂虫

话还没有说,最好还是先来解题。我近来看了许多的书评,有优秀的,也有粗劣的,又看见了许多讨论书评本身的文章,有装模作样贩卖外国名词以示其博学的,也有很切于实际而说得头头是道的。不管是优秀还是粗劣,不管是糊涂搬弄名词或真正切于实际,在整个中国的文化进展史上,尤其是在需要着一个新的启蒙运动的现在,这总是一个十分可喜的现象。

可是,最先到来的问题就在这儿:究竟谁是读者呢?我觉得一切的知识分子都是读者。作家在不抱着自己的著作苦笑的时候,书评家在不以自己的书评为天下的典范的时候,都算作读者。我们平常总以为读者该比作家或书评家在知识上低一等,而事实上,作家和书评家却常常露出那比读者更低能,更无聊,甚至更糊涂的面相来。因此,在有些什么家之流觉得被人称为读者而身价随着低落的时候,应该先记住这个:读者不是糊涂虫。

二、三种特殊的书评家

有什么样的作家就有什么样的读者,这是一句永远可以成为真理的格言。同样我们也可以说,有什么样的读者就有什么样的书评家。在现在,中国一般读者的知识水平低当然是无可讳言的事实,但这不能作为书评家掩饰自己低能的口实。近来据我所知道的，有三种不同的书评家直接或间接地表示了对于他们的读者的怀疑态度。

第一，有很少的几个书评家拿读者当作显示他们的博学的工具，这类书评家在做书评的时候，本来是批评一本在现在的中国所产生的一本由中国人所著的中国书，可是必得引用许多连他们自己都弄不清的与这本书了无相干的外国人名和书名，甚至把一些外国书抄上几段便算完事。我就见到一位书评家在他的书评里讲现在的中国文坛，里面尽是大仲马、小仲马、莫泊桑、左拉一类的名字，没有提到现在中国作家的名字和作品。当时我很感觉到奇怪，但是后来我在报纸的广告上见到这位书评家有一本翻译的法国书出版，我也就恍然大悟了。

第二，有几位书评家似乎因为到过外国而怕别人忘记了他们的资格，除在报纸上的"文化情报"中选个"××大学教授×××氏……"的发放空气的消息外，在书评上更洋洋得意地显示出自己的知识的优越。他们恍惚是置身于神仙世界，不吃凡间的东西。从他们的书评里，一方面我们可以看到王尔德、法朗士等等，一方面我们可以看到果戈理、高尔基等等，其余是什么都没有。巴金先生的苦笑似乎来得乖张，但是对于这般伟大的书评家还有什么更好的方法呢？

第三，有一些似乎年纪比较轻的书评家在上一类的伟大的书评家之下感觉到了威胁，结果是失掉了自信，而承认书评是批评低一级的东西了。这是很严重的错误。书评和批评的差异不是总司令和排、连长的差异，而是范围上和时间性上的不同。这一点如果认不清，书评家当然不会忠心于他的工作，将来的结果真是不堪设想的。

三、读者要什么样的书评家

我们在上面所提到的三种特殊的书评家不是由于忘记了时间、地点，就是太过于吹擂或太过于不自信，对于读者可以说绝对没有丝毫的影响。但这话仍然须交代清楚：我的意思并不是说现在所有的书评家都属于我所举的三种型，属于那三种型的，以人数说仍是少数。以势力说，他们占有了一部分的杂志报章，可是并没有征服多少读者。他们的唯一的缺点是不看重读者这面明亮的，能照好人，也能使妖怪现形的镜子。这面镜子，我相信，实是衡量书评家的重量的唯一的天秤。

第一，我要奉劝一般的书评家的就是：不要忘了照镜子。其次，要具体点儿来说，我觉得做读者的对于书评家至少有三个小小的希望和请求。第一，我们希望书评家不要忘掉了自己的知识程度和书评的范围。不要评你们看不懂的书，不要评你们刚能了解字义的书，同时要认清做书评只是做书评，不要东西乱扯，不要胡说些与你们所评的书丝毫无关的事情。在说不出来话的时候不要瞎说，瞎说只是欺骗读者。

第二，我们希望书评家们认清你们的工作是有时间性的，一篇多么好的书评也难以和莎士比亚的最坏的一句诗同垂不朽。因此，你们不必在这字上掉花腔、装通达、显热闹，那些都没有用处。你们要认清你们所该供奉的神祇不是维纳斯，也不是法朗士，而是永远的真理。《圣经》用不到华丽和婉转的文字，因为它所要说的乃是真理。书评也是一样，朴实的文体和意义准确的字句是唯一重要的东西。

第三，我希望书评家们认清书评的意义和书评所负的责任。别忘了你们是活在现在的中国，你们不是法国人或俄国人，你们的责任就是每个活着的中国人的责任。我们要求书评有尽可能的时间性，尽可能的普遍性，以至于尽可能的客观性。以书评周旋于正人君子的左右的是卑鄙，以书评博得友朋爱侣的欢心是无聊。

四、书评该是一种科学

我们所要求的书评正如我们所要求的书评家一样，真实和确切是好的书评的标准。没有这两样，你就把文字修饰到如何的美，把外国人名和书名搬来多少车，说句不当的话，全没有用处。书评绝不是一种神秘，一种把戏，一种"唬人"的工具。真正好的书评须是求真的，客观的，在现实之中有着相当的好作用的。同情的了解和同情的嘲笑一样的重要，但唯一的起点须是同情。没有同情心的书评家所写的书评一定缺乏着一个灵魂，那种书评对于读者是毫无用处的。

其次，书评一定要和捧骂的文字分得清楚。把一切的批评文字看作非捧即骂的自然是读者的恶习，但这恶习原是由于事实所赐给的。有几个书评家真正地放弃他们的情感上的偏私呢？有几个书评家永远地固执他们的理智上的见解呢？依读者的眼光来判断，说句老实话：实在很少。我们实在需求着一些真挚的，比较冷酷的，不堆砌感情上的辞藻的书评。也只有这样的书评才有用处，才是真正的书评。

太年轻的书评家所以常常失败的原因也就在这儿。他们的年青人的性格是不适于做书评的。书评所需要的态度的冷静、文字的朴素，对于书籍的同情和对于真理的拥护，在他们都是办不到的事情。我们很希望现在的一些做书评的年轻人不要只把自己弄成一个小作家，那却不成。你们应该学习科学，这不但能着使你们的头脑冷静，不因害了肺病的是自己的爱人而感觉到美，而告诉读者说肺病是好的,等等,在书评上是绝对必要的方法,没有使用科学的方法的书评是最低贱的书评,玩弄文字的书评家是最无耻的书评家。

书评家们,请你们快从你们那几本法朗士、梵乐希,以至于现代诗选之类的书籍堆中爬出来吧!书评家评文艺的书是应该的,但书评的本身却应该变成一种科学。爱因斯坦的相对论是因为文字的艰深或文体的艳丽而不被人了解吗?牛顿的为人所知是因为他写了一部东抄西抄外国人名和书名的大著吗?就是以文艺来论,莎士比亚的戏剧是因为堆砌辞藻而被人喜爱吗?荷马的史诗是由于本身的华美而伟大非常吗?我希望书评家们多拿出一点良心来,把书评当成一种"学术",但不必以"学术""唬人"。

我相信,真正的好书评家都能成为好的科学家。因此,我们要求有科学性的书评。现在,书评的文字是渐渐地多起来了,但我们不希望它有一天会遭到一个"丰灾"的危机。

(载《大公报》1937年7月4日)

书评的内容

李 剑

我自己可以算作一个普通的读者,对于文艺理论没有做过什么系统的钻研,但是关于文艺思潮书籍和短文却也看过一点;已经跳出了为消遣而看小说的圈子,但是对于一部伟大作品的伟大处却又捉摸不牢;外国语的程度可以使我直接阅读一两种原文的外国作品了,然而原作引文用字的妙处却很难懂得透彻;知道诗、剧本,是文艺作品更精纯的创作,但比起小说来我的鉴赏能力便更加薄弱了——总之，我是一个极其普通的读者。但正因为我这个读者极其普通的缘故，也许我的意见倒是大多数读者的意见吧。

当我刚了解文艺作品的严肃性时，我对于书评并不很注意。但是当我对于写作发生了兴趣时，当我想从作品里学得一些什么时，我便立刻看重书评起来。我想像我这样的读者很多，他们重视书评的时候不是在"读"作品的时期，而是在"学"作品的时期。我以为这点很值得写书评的人注意。

我总以为一篇书评不该是一本书的介绍或广告，然而的确有些书评事实上不过是书的介绍或广告而已。自然，为了供给读书界的选择，这类书的介绍也是必要的（我还希望国内的一般读物全能添加书报介绍栏），但是，书评却不该含有介绍的性质。它的作用不是在向未读过那本书的读者说这本书值得读，或不值得读。它的责任应该是向（假定的）读过那本书的读者贡献写书评的人对于那本书的"批评"。因此，我想书评要超出"批评"范围的多余文字（如牵涉到作者的私事，过分的表扬或苛责，以及题外的文章，批评者自己的冗长意见）大概都不是读者所欢迎和要求的。

我以为一篇书评要指出一部作品里这几项成就。

一、它的意识是否正确？抑或歪曲？

二、它的技巧如何：

甲，表现的真实性如何，故事的结构是否完整，或感情是否夸张过火？

乙，人格的发展是否完美，或有前后不谐处？

丙，哪几段文字优美，有力？哪几段文字是冗赘？

丁，是否可以用另一种体裁或结构把它写得更好些？

再就翻译、创作小说、诗及散文、戏剧四项分述我对于书评的要求。

一、翻译

近年来书报上常见有翻译作品的书评了。但是在这些翻译的书评里，属于指责性质的多过显示优美的译品的。我们捡起一份随便翻译的书评来看，几乎全是在做误译的校对。越是译得荒谬的作品，似乎越能使批评者校对得高兴。至于一部译品里哪几处译得具见匠心，便比较少有人过问了。迄至现今，翻译在中国仍不失为一个重要的输入文化的工作。但是有高深的外国语学力的外洋文学博士之流的学者却不屑于干这种工作，这种工作便自然而然地落在一班也许学力较差的译者手里。因此，只要译品不太糟，译者不是在粗制滥造，那么批评家就应该给以应得的稍多一些的鼓励，而在校正误译的时候，收起教训的面孔。这未尝不是干费力不讨好的人们应得的一点安慰。多把译得佳妙的地方指出来，似乎比徒徒校正误译更合读者的胃口吧！

二、创作小说

大凡一个读者心目中都有几个自己偏好的作者。这种偏好使他系统地读着那几个作者的作品，并且进而关心他们的前途。因之，批评创作小说的人，除对于作品本身要做严正的批评外,最好对于作者创造活动的进步和前瞻,也能有连带的叙述,这样更增加了读者对于那本作品是否有进步的认识。当前期作品和后期作品做比较时,批评的时代的意义便很容易看得出来。

批评创作小说,意识方面应该多加注意。文艺作品之拥有较多的读者的,仍然是小说,而且多数读小说的人仍然只是在欣赏一部小说的情节。一篇普通人认为好的小说,不见得真好,也许只是因为它的"好"情节捉住了读者的印象。如果批评家的任务是提高创作能力与提高欣赏能力的话,那么他新写的书评便应该把小说的内容给以严正的判别。

中国作品进步最早和最快的大概还要算小说。自从新文学运动以来,不但创作的水准年年加高,而且创作的理论也输入了许多,并且那种主义对于中国文坛都有相当的影响。一般的读者,对于这些"主义"是没有什么系统的了解的,但是他却愿意知道他新读的作品到底属于什么派别进而愿意知道一点这个派别的源流和在文学史上的地位。为满足这种要求,书评家对于一本小说便要做一番较之批评作品更进一层的文学上基本观点的检讨了,这点对于书评家虽似过分的要求,但在现时却属紧要。——有些书评家也曾在这方面努过力而且获得了不少效果。

三、诗、散文

我是不懂诗也不大能欣赏散文的人。中国的新诗,虽然近来进步很快,而且能写好诗的人也产出不少,但是新诗的理论的建设仍然风雨飘摇。长篇大论的艰深的谈诗文字虽然也出现过不少,但是那些全不是给一般读者看的。我以为要使一般的人读懂诗,莫过于写诗的批评的了。然而诗的批评文字却少见得很,读者太需要诗的批评了。

关于散文,和诗的情形大概一样。我们只听见人说某人写的散文好,然而却没有人说他的散文好在那里,好的散文和坏的散文区别在那里。

总之,我们需要一些诗和散文的批评家,希望他们能用实例道破诗和散文的创作精要,即使他们大胆地建立他们自己的创作法则,也是受读者欢迎的。

四、剧本

剧本的成功不在写得如何,而在演得如何。近年长短剧产生很不少了,而且有些剧团(职业的或业余的)在经常地上演新出的剧本。这时,批评剧本的人,不应该偏重在写作的成绩如何,而还须研究它上演的可能性了。一个剧本好坏的标准似乎应该拿上演的成败来量。它不像小说或诗,它有它特殊的内容。可是现在许多批评剧本的人,还是着重在批评它的意识如何、情节如何、人物如何,而忽略了剧本的上演成分。我的意思是说,批评剧本的人似乎应该先有舞台经理的眼光来审察剧本的"可演性",然后再讨论它的"作品"部分。

(载《大公报》1937年7月4日)

掌握那条绳索的

吕玲心

书评家该是一个作品忠诚的读者,他的任务是替没有多余时间来读无益书本的读者审定哪些书值得精读、略读或者简直不必读,从这点职责和意义来说,他该站在客观的立场上,用冷静的头脑去分析,去领悟作者感情的发展及其中心思想,去发现作者埋藏在作品里的感化力,最不可忽略的是不要以为自己是一个书评家,一个权威的存在,因此说些与"书"毫不相关的评语。

我顶不愿读千篇一律的书评,替作家们担任义务辩护;尤其是对于已经成了名的作家,写书评的人往往忽略他们偶然的错误、错觉、不真实的感情,以及对于某一件事的歪曲,因为成名的作家亦会产生不成功的作品。

那种说教式的直觉的判断,最使我厌恶,它不但妨碍作家的进步,同时在无形中以他们的自作聪明欺骗了热情的读者。这里,包括着生硬地搬弄国外的文艺理论当作经典,发掘德国古典的批评原理当作教条,刚吞下了几条不完全的法则就机械地把作品掀到那门类的模型里去,说他们是相同的出产。其实同一个故事,从不同性格、不同人生的作家们笔底下溜出来的创作,它的艺术价值绝不相同,有的失败,有的却获得了不朽的成功。

最可怜的,是书评家评述自己毫无经验或者从不想到过发生过兴趣的东西。一个健康的书评,必须经过书评家代替了作家去重新把握经验,搜寻故事发生的客观环境的各种条件,去体会作家当时怎样处理这个材料,有过怎样的感情与希望。譬如《日出》的作者曹禺,那一群悲惨的人和人类的渣滓与观众见面，这是他遭受了许多次磨难、伤害，以至于侮辱，才亲自找来了这些现实的材料，抓到了安排在这幕戏里面的生活经验。也许一个生长于象牙之塔的高贵书评家和读者，会认为其下流，认为其不能登大雅之台，或者在他们的眼底里，人类的渣滓根本就是命运注定了受人玩弄，生来就是那么副贱骨头，不屑于同情，要真是这样的话，这是何等地可怜啊！

我想书评家应该同样是一个从现实社会里生长起来的人，呼吸着这个圈子里的空气，晒着人类共有的同一个太阳。他该有丰富的感情，有理解书本内容的能力，有一份善良的心肠。书评是连接作家、作品与读者的一条绳索，那么，书评家是掌握这条绳索的机匠。

说到那些以作家朋友的资格而登场，或者与书贾们同道的书评家的出产，我只有闭住嘴，睁大眼睛用自己仅有的认识力发现自己喜欢读的书了。

（载《大公报》1937年7月4日）

冲出狭窄的风气

冀 南

书评者像是一位裁判官。好的裁判官,案件临头,不宜糊里糊涂地只滥用一套既成的生硬的法律条文,作为判决的依据,他应当利用他的智慧搜索发掘:什么样的条件(客观环境等)把这个人引到犯罪的地步?聪明的法官,他明白应该使犯人受一种心理上的检查的。写书评的人应该就是一位这样的好裁判官,正如叶圣陶先生说的"希望写书评的人第一要摸着我心情活动的路径"——这是书评者起码要做的事。德国的赫伯尔曾告诉我们:"不论是谁,当他把一件艺术品完全受用时,他所经过的进程和艺术家创造那作品时所经过的进程相同,——只不过受用者将创造者的次序倒转且增加他的速度而已。"这二者说明了:一个书评者应当怎样从作者生活、教养、环境所铸就的气质禀赋中去发现、了解一个作者灵魂上的独特处(人性的型),以及怎样在作品中切实地做一番游历跋涉,考察作者在如何情形下产生了这作品。能窥测作者心情的底蕴,能以自己的丰盈的想象与恢宏的识解来发掘作品的宝藏的书评者,才是作者和读者所喜悦欢迎的书评家。

卓越的批评者,他的努力能给作者一种会心的愉快、温暖及一种反省的兴奋的力;书评者与作者的心情能达到交流联系而凝合一片,则更是书评最好的效果。相反,凡庸拙笨的评者,浮光掠影被某种流行风尚所控制的书评,常会给作者一种恶心愤懑的感觉,使作者哭笑不得,勾起作者嫌恶痛俗的(属评者的)感念,这怪不得会惹起古今许多大作家的激愤了。这种与作者和作品距离得太远的书评者，其工作不啻是一种多余的浪费，既为作者所唾弃，读者们似乎也并不需要他。老实说，这种庸流倒不如冒险的鲁莽的评者有些可爱处。

对某种事物，见仁见智，各不相同，书评自然也是这样。因其如此，书评者往往有所见，同时也有所蔽，太偏爱了作品的艺术成就的，他具有犀利敏锐的眼力同直觉，搜索发现文字、结构和情节铺叙的有声有色的技巧，是他努力的标的。这，他是以艺术的标准来写书评的。想从作品中寻求一个"观念""意识"的，总是把文章与政治黏合得极接近，理论批评家平林初之辅曾谓："马克思主义者评价文学作品，总是以政治的教育的标准。"显然地，艺术的与政治意识的标准，已作为书评者施用的普遍的尺度了。而尤其后者，更曾在某一时，做了理论界批评界的权威者疯狂过相当时期，且它的弥漫狂獗竟造成了一种习气公式。

怎样的作品才是好的文章？我应该读哪些书呢？这问题普遍地在读者的脑袋里盘旋回萦，这是事实。但不幸，理论家批评家们合力所造成的一种固定型范与习气，终于引诱若干读者陷入一种偏激成见，投降到他们各自筑起的门户堡垒里。后起的缺乏击破既成规范的勇气的书评者，自然也不易脱掉这些流行习气的控制，不易踏出庸俗。

书评者走入了一个窄狭的风气中，只运用生硬的已成规绳来衡量作品，远离作者，远离要评论的文章本身，这是书评的死路。要为读者、作者所唾弃。

书评者的观点根据，不怕分歧到怎样地步，不怕你是个极端地摆脱了风尚的勇士，假如有异于常人的卓见宏识，只管大胆忠恳地写下去，只不要恶意地毁伤作者——这工作也是值得赞赏的。一般评论者，都道雷马克是诅咒战争的作家，一位不同于别个的毕哈，却大胆地评雷马克的"退路"，"单刀直入地痛斥雷马克的反动意识，认为此书对于此时之恶影响有如战时的毒瓦斯，是反动尖端作品的代表"。

我们需要亲切针针见血反市侩式的书评，这书评本身也是一篇创作，是一种力，——一种不声不响帮助了作者向上的鼓动的力。

（载《大公报》1937年7月4日）

一个图书馆员论书评

碧 茵

图书馆——人类精神的仓库,书砖砌成的坟墓。这儿陈列着千千万万的木乃伊,你不把自己的生命放进里面去,它们便永远只是一些骷髅。

我是一个图书馆员,我惯和这些骷髅做伴,这些白纸黑字的干枯脸孔,也常常煽动我的感情,使我忘怀了一切,忘怀了自己。我也学幼年启蒙的塾师批评书画的调调儿,说这是雄浑,那是纤细,在另一个时候,我又听到另一些批评，说《金瓶梅》是诲淫，《水浒》是诲淫！

前一个形式，我们称为鉴赏和欣赏，如果你喜欢也可称为印象的批评。但有人说："读一千部咖啡经也抵不上啜一口真正的好咖啡。"因为目前的生活现象是看不透、神秘，自我又是那么孤独，人人便各有各的见解，于是觉得要知道咖啡的好歹，还是啜一口好，咖啡经是多余的。

后一种批评，它在判断——价值判断。价值判断，不能没有一种客观标准。说某一作品诲淫诲盗，当然是需要有一种卫道的思想——一个集团的最高道德，这和人人机械地运用"正确的人生观"当作作品批评的标准没有两样。这种不张开眼睛看作品的艺术价值，不成为批评，自不待辩。

书评自然需要批评家有独特的见解，但武断而达到"不是19世纪前半的社会生活创造了巴尔扎克的《人间喜剧》，反转来，《人间喜剧》创造了19世纪的法兰西，或者说是画家替英国创造雾"，倒是不需要的。

我以为书评，因为是个人的感受，所以观点和见解是主观的。但如果批评家不能广泛地接触科学的客观性，那他的感受性便不是丰富的观点，便也不是透彻的，其见解只是狭隘的。书评不应说《红楼梦》好，《水浒》歹，作品自身各应各的时代及社会而产生，各有各的好处。真正的批评是美学，同时也是社会学，他对作品做美学价值评定，同时也发现作品对象之社会的等价。书评该是示唆的，但不是发号施令。

照图书馆对阅读人数的统计来看，每月超过1500人次不是出奇的事。但稍稍留心一下，真正"阅读"的人究竟是少数，那条覆盖了阴凉的槐荫的长廊下，尽管每天不缺少朗朗的吟哦，而大多都为了像站在马路上听收音机一样来排遣无聊，或在什么专门刊物上寻觅一时需要的参考，在借出过的小说的尾巴上（大半还以恋爱和旧体章回小说居多）横横竖竖注满了个人幽默的感言。我叹服批评之多和观点之博。批评知识，就是赏鉴文艺作品时应有的知识，自然不是一般读者们都所具备的。文艺批评不是法律，我们更不能强迫读者的兴趣,但我们不应忽略了大多数的一般观念,甚至有人说批评的标准便是读者的趣味,虽说一种艺术品诉于我们的感觉和想象,会凭了千百个接受他们的心的本能的高低为比例。但时代不仅是属于几个人的,我总希望书评家们今后除开在专门名词上做功夫的工作以外,还能给我们一种正确的了解和赏鉴的知识,而不致使大多数人把读书当作了低级的发泄,或抱着过去的残骸发梦呓。

(载《大公报》1937年7月4日)

我们的书评家

王雪茜

现在我们文坛上,并不缺乏所谓"书评家",但是我们如果严格地加以考察分析的话,就要使我们感到异样的失望,——因为他们(书评家)是那样的浅薄和愚昧。这些书评家,我们可以把他们分成若干类。

一是食而不化的高蹈派的书评家,他们读过洋书,吞过《文学理论》(但并没有消化)并且自以为"前进",所以批评某一本著作时,最喜欢高谈阔论,作品宁可不顾,而权威理论不可不引。开口是"高尔基",闭口是"吉尔波丁"。自己鬼语连篇说了一大套,不唯读者被弄得目瞪口呆,就是他自己也是莫名其妙。他们唯一的法宝便是搬弄"术语",结果"真理"并不曾在他们笔尖下流出,横遭摧残的是作家的作品,而被欺骗的却是可怜的愚昧的读者。

二便是"广告式"的"御用书评家",他们的目的便是希望从商人的荷包中分取一些利润,至于什么"推进文化""指导读者",他们根本就不曾在脑筋中回旋过,他们随便取过一本书来,把它说得天花乱坠,比广告还要令人肉麻。一般意志较薄弱,鉴赏力缺乏的读者,便会上了他们的"当",读者的时间被浪费了,"金钱"被"虚掷"了,而"书贾"们和"书评家"却在那里庆祝伟大计划的成功呢!

三是"门罗主义"的书评,作者完全是为"防御战"的,只要是他这一集团人的著作,那便是天下无双,地上难寻,若是异己者的作品,便不会是好的,不是说几句不负责任的游词,便是骂他个狗血喷头。读者不能从"书评"中得到"东西"不算,而年轻的作家却往往因此而停笔——这种书评家可以叫作"宗派主义"的"书评家"。

究竟怎样才是我们所要求的理想的"书评家"呢?我以为必须是:

一要有丰富渊博的学识,公正的判断;明了中国当前的趋势,熟悉世界文艺的传统和目前倾向。

二要有认真的精神,即他的批评是判断的,而不是敷衍的,对于所批评到的作家不要因为他是成名作家而有所偏私和畏惧。

三要注意新进作家的作品,——一般青年作家必须有贤明的批评家来提拔、辅导,增进修养,改善他的技巧,才能有成功的希望,这样对于读者也是一种新的刺激。

四不要掉弄"术语货"——因为有许多"书评家"借着它以欺骗读者和蒙蔽真理,我们要求用明朗的(并不是浅陋的)言语和文字来探求真理,将这真理传播给读者。

五要避免"宗派主义"和"公式主义"——作家和作品才能不分畛域地被批评到——推赏之,伟大作品才有被发掘的机会,清除"公式主义"而书评才能展开新鲜的世界和光荣的前途。

(载《大公报》1937年7月4日)

"集评"更理想些

潘 琳

读者看书评有稍稍不同的两种情境:一种是已经有了书,而后看书评;一种是想买某一本书,而预备看了书评以后再决定买与不买。在理解力较为薄弱的读者,看过一本书后,往往不能得到确切的了解,所以最爱看书评,希望批评家做一个探胜的向导,指点出沿途景物的布置:何处该转弯?何处是全篇的中心点?怎样分析那错综复杂的题材?是成功还是失败?这样,不但如圣陶先生所说的"……谈来和自己的印象相合，固然有所得印证的乐趣，如果和自己的印象大相径庭，也可以把过去游踪重行回味一下"，积习久之，就能增加读者的理解力。瞎捧和混骂的批评，是读者最感到头痛的，可是空洞的不着边际的批评，尽管搬出许许多多美丽的字眼和抽象的理论，像煞有介事地胡说，也总骗不了读者的眼睛。简单地说来，读者是要追根究底的，比方说这一篮橘子是不好的，那你必得指出哪几个是坏了，哪几个是不熟，然后加一个结论说是不好，那没有异议。如果仅说"那篮橘子长得不整齐，所以不好"，那不成，听者还会去请教别人的。

思想和偏嗜的不同，是最难调和的一桩事，往往批评家说某一本书好极了，而读者也许感不到兴趣。或者读者认为很有兴趣的书，批评家认为是坏的产品。所以比较起来最好的办法，是集体批评，像批评《日出》的专辑那样，不过还得扩大，要包括理论立场不同的各种批评文章。虽则也许会引起论战，倒是读者所欢迎的，只要不是乱嚷乱骂，而是平心静气地论辩的话。

在购买力薄弱的读者,费无数的力量积起了书钱,看看滥竽充数莫知深浅的书籍,对于要买的书自然不能不慎重,于是乎书评就当作问询处。不过嗜爱的不同,毕竟有点困难,所以只有希望书评里叙述点事实的梗概,再看了批评者的意见,就能得到较深的印象来选择去取。

总之,读者对于书评作家的希望,是一个显微镜,是一把锐利的解剖刀,而不是一个善观气色的术士。因为读者对于书评,希望能够获得观察的路径,汲取更深的智慧,来训练自己,增进自己的理解力。

(载《大公报》1937年7月7日)

书评和读者

侯金镜

书评的对象是书——或者还有站在它背后的作者本人,而间接的最重要的对象还是多数的读者。作者将感觉直诉给读者,关系还像是直接的,但由于环境和认识的不同,读者却不一定能深入作品的境地。这里书评就是媒介,它站在读者和作品(作者)之间,缩短了"欣赏的距离",打开蒙在作品之前的一层障壁。书评本身就是一种艺术,我也可以说它是更直接地、理智地（比创作本身）领着读者走向作品的核心。

如若评者忽略了这对象，也就等于放弃了他大部分的职责。评一个译本逐页校着误译；拿起一本创作来，从一个错字，或漏掉一个细微的节目瞪起眼睛向作者教训还得学习三年之类，只是评者和作者两个人的事，刊在杂志上或报纸副刊上对读者是没有关系的。

一个译本，读者最切要知道的是该读不该读的问题（虽然没有明确界限），荷马的史诗和美国第三流的电影小说封皮上同样写着杰作，这里评者的职责就是公正贤明的选择，使读者有所适从。继续选择之后，才是翻译的优劣，常常是一部"名著"有两种以上的译本（例如从前出版《西线无战事》和最近中华、商务两个版本的《德伯家的苔丝》），各译本也许各有所长，有时也不免删头去尾将一部完整的作品割得七零八裂。单一的译本有小疵当然也不妨指出，可是如果评者写出了"错译比比皆是"的时候，就该想一想这书评对读者是不是白费了工夫。再一步就进到作品本身——产生时代背景和那一时期的文艺思潮，作者本人在文学史上的地位、思想、气质，以及前时代的影响。

方才说过书评对于读者是比创作本身更直接地、理智地，所以诠释是必要的工作。创作是形象通过思维和情感的化合物，诠释正是二者的还原剂。唯有诠释能直接深入作品的核心，解剖出它的骨骼——主题，也正是使读者深入作者境界的指针。

继诠释之后就该是分析，尽管评者从作品里抽出骨骼，给读者架起走入作品的桥梁，而它——主题总还是干巴巴抽象的东西，近乎社会科学的公式；读者进入了作品，随着斑彩灿烂的一片又迷住了他的眼睛。因为作者写出的终究不是公式，而是通过了生活的艺术品。评者就少不了这一步分析，作者怎样处理他的题材，选取他的人物，又怎样诱发他的情感……也就是作者经了怎样的一个创作过程，这一步不但领导读者深入作品而理解它，并且还是给评者自己预备下第三步——批判垫脚的基石。

有的评者扩大了这一部分析，也就停止在这里。他深入作品、分析作品的创造过程，写给读者的却是另一种东西。作品成了触媒,唤起他自己的生活体验,诱导出自己的情感,然后摆在读者面前是另一种境界了,那是属于评者自己的。他并没有和读者共同的标准,表面上他是带领着读者,其实读者并追不上他的脚步,抛下了读者独自在作品里遨游,在他道出他的经历之后,读者还得自己去摸索,这种被称为"印象的"批评对读者的理解很少有帮助的。

评判也是书评不可缺少的一部分。对于作者它是一种世界观的纠正,题材的选取、典型的创造和写作技术是不是能达到作者预期的效果。评者应指出作者的成功,失败的地方也应指出症结的所在。对于读者则使欣赏水准提高,精神向上。当读者都沉湎在消闲、低级趣味、所谓"小吃"的作品中,作者也迎合着读者堕落的趋向赶制着"商品"的时候,评者就不该同流合污,而应挺身出来与这趋向搏斗,分析出这倾向形成的原因将造成怎样的结果,并且指出一条健康的、向上的道路来。

(载《大公报》1937年7月7日)

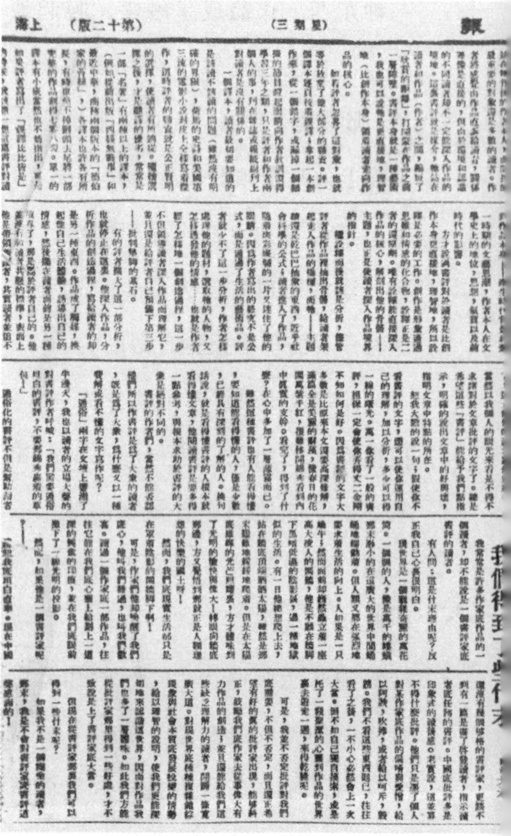

《大公报》专栏之《读者论书评》，
1937年7月7日

通俗化些

铸 颜

往往见人家批评某人的某篇著作是划时代的杰作，我便问自己：为什么是划时代的杰作呢？茫然得很，往返地看几遍，还是看不出杰出的特点所在。试问在这种情况之下，这大部分的读者将何所适从。当然以我个人的眼光来看是不得不求诸对于文章批评的文字了。总是希望这些"书评"能给予我们一点指示，明确地说出文章中的好与坏，指明文章中特点的所在。

恕我大胆地说一句：假使你不看书评的文字，还可以使你运用自己的理解，加以分析，多少可以得一线的曙光。万一你看了一般的书评，担保一定会弄得你丈二和尚，不知如何是好。因为书评的文字大多数是比原来本文还要高深难解，满篇全是美丽的辞藻，像春日的花园万紫千红，很难移开锦绣看到内中真实的枝干。看完了，得到了什么？在心中多加了一层薄雾而已。

虽然这种书评也有人看得懂，要知道能看得懂的人，仅是少数，已经具有深刻了解的人。换句话说，就是看得懂书评的人根本就看得懂文章，他阅读书评是要多得一点参考，与根本求助于书评的大众是绝对不同的。

书评的作者们，当然不会否认他们所以作书评是为了大众读者。既是为了大众，为什么又以一种费解或看不懂的文字写作呢？

"通俗"两字在文坛上响彻了半边天，我也以读者的立场大声地对书评作者呼喊："我们需要通俗坦白的书评，不要那锦绣裹着的草包！"

通俗化的书评不但是帮助读者了解，而且扶助加强了其他文学暴露表现的不足。诗、散文、小说，因为限于体裁与表现的关系，不能不有所衬托与穿插，又限于恶势力环境的不许可，不能不把主题化装一下。然而书评没有顾忌，可以用评判的立场把蕴藏在文中的底细说出，可以对读者说明一切。若能办到，我可以代表千万大众读者向书评作者致谢。

（载《大公报》1937 年 7 月 7 日）

一位良师

王 瑞

书评家应该是与读者打成一片的良师,但这"师"字,绝不是我国过去一般人脑筋中所存在的"天地君亲师"的"师"字,有如偶像般地受人崇拜。

现在的一般书评家,似乎把自己的地位看得太尊严了,板起面孔来,好像对读者们直接这样说:"这是一本上好的书,你们可以读;那是一本很坏的书,你们不可读呀!"这一种直接指示法,在现在的学校教育中，对小学生，都已证明无大效果，何况一般的读者，并不尽是小学生的头脑呢。

一个良好的书评者，应该是一位良师，把自己对于作品的意见，用和颜的脸相，客观分析暗示的方法，研究作品，了解作品，欣赏作品。至于结论，书评者并不一定要武断地直接地说出来。因为读者自然会从书评者的暗示中加上自身的经验，得到一个适当的对该作品的意见。

老实说，书评家不应该有意地想在读者心目中建立起权威的地位。因为文艺批评家，虽然有些原理原则可寻，到底不是法律家，并不能如律师有固定的法可以引用，更不能强迫读者一定要服从你的话。

（载《大公报》1937年7月7日）

不要武断

杨弢亮

书评不但是介绍一些值得读的书给读者,还有指导读者怎样去读那书的责任。譬如对于一个生疏的作者,往往因读者不了解作者的环境和思想,以致读者误解作者的含意;书评者便更应介绍作者的时代背景、个人身世、一生经历与思想的转变等。那些启示可供给读者很多参考资料,减少研究时的艰阻。这样读者便能深切了解作者的立场,较易认识该书,因而可以探讨书中的含意及作者的风格等，不致误入歧途，或彷徨迷津。

当然作书评者，对原书及作者都该有深切的认识，才能有正确的批判。否则非特自己执笔时茫然无绪，不知所云，更将迷惑读者，减少读者对原书的信仰。那还是免作的好！

书评者不能绝对肯定书中的含意，不要把成见输入读者的脑中，应当让读者自己用脑去发掘。这样可以避免自己错误的责任，且不至毁灭读者探讨真意的好奇心。倘是使读者一味盲从，会得到什么益处呢？即使举出含意，也应该存贡献意见的态度才是。

书评者又需有真实的态度，好是好坏是坏，使读者易取得准确的概念。倘使故意颂扬，隐短饰长，或则信口讥弹，吹毛求疵，便要掩住真是非，失却书评的价值，反使读者无所适从，或不分黑白，非特无益，抑且有害了。

（载《大公报》1937年7月7日）

我们得到了些什么

戈 矛

我常常是许多作家的作品的一个读者,却不能说是一个书评家的书评的读者。

有人问:这是什么理由呢?反正我自己心里很明白。

现世界是一个复杂奇丽的万花筒。一个个的人,像是万千的蝼蚁那么渺小地在这广大的世界中间蛹蛹地蠕动着。但人类又都在强烈地要求着生活的向上。人如果是一只蜗牛,然而面前却矗立着一座高大凌人的围墙,他是不愿在墙脚下黑暗低湿的阴影里过一种地狱似的生活。有一时他总想爬上去,站在墙的顶端晒晒太阳,虽然是那么艰难缓缓地爬着。但是在太阳的雄浑的光芒照耀里,方才体味到光明的愉快与伟大!转眼向墙的那边,方又觉悟到那就正是人类理想的快乐的国土呀!

然而,我们的现实生活都只是在罩着阴影的围墙脚下啊!

可是,作家们却唤醒了我们的心,他叫我们难过,也叫我们欢喜。读过一个作家的一部作品,往往它能在我们的心灵给画上一道深的兴奋的印痕,并在我们的眼前撒下一线光明的投影。

然而,如果他是一个书评家呢?

请恕我的坦白、直率。现在中国还没有几个够格的书评家,更谈不上有一篇是尽了启发读者、指示读者的任务的书评。中国的批评多是印象式的读后感。老实说,这并算不得什么批评。他们只是凭了个人对某作家的作品的偏嗜与爱憎,给以阿谀、吹捧,或者给以呵斥、毁谤。我们不看这些东西则已，往往看了之后，一不小心必然会上一次大当。倒不如自己独自摸索，或是托了一颗圣洁的心灵到作品的世界里去游走一周，来得干脆呢。

可是，我并不否定批评对我们的需要，不但不否定，而且还正希望有好的真的批评家出现，能够纠正、鼓励我们的作家去从事伟大有力作品的创造；并且还能给我们这些缺乏理解力的读者，开辟一条宽广大道。对现世界的种种复杂错综现象与社会本质的发展蜕变的情势，给以理智的说明，使我们能更深切地来认识这世界，因而对作品我们也多了一层体味。如此我们方能从批评家那里得到一些好处，才不至说上了书评家的大当。

但现在从书评家那里我们可以得到一些什么呢？

如果我不是一个糊涂的读者，那么我是不会对书评家的书评道声感谢的！

（载《大公报》1937年7月7日）

第三辑

书评精选

徐懋庸的《打杂集》

张 庚

废名先生在《关于派别》一文中,说诗跟散文的分别,在于前者"不隔"而后者"隔"。此话似乎不可一概而论。有些个散文作者让自己与读者保持一个相当的距离,如知堂先生,这可说是一种个人风格。也有另一些散文作家,却喜欢把自己跟自己的读者结合得极亲密,他果然做到了,而他的文章却并不因这种亲密而失去了散文的体制。

《打杂集》的作者,就是这样一位散文作者,连这本正在谈起的书,他一共写了两本散文集。那作风,差不多一开始就是取一种直抒己见的态度,直到现在仍旧是这样。

他在谈起一位先生的文章时,曾说过这样一句话:"他的文章常常做得太难懂了,弯弯曲曲,有意使人走'八阵图'似的。"这恰恰反衬出他自己写文章的态度。读了这本集子,我们不难想象,当一个题目写在纸上预备发表意见之时,作者不大高兴藏辞抛句掩映闪烁地来说,却把那意见照自己所想的说出来,说完就算数,也没有什么弦外余音。

依过去散文的成例想起来,这些东西一定是索然寡味的,然而不尽然。前面我们说过,他有一种亲密之感从文章中散发出来,就是这个给他的文章加添了风味。他极坦白地表现自己,极同情地写出某些事和人,而极憎恶地写另一些事和人。他在一篇文字中的感情是以极快的传染力达到读者身上去的——这就是我所说的亲密之感。

在这集子中，对于读者最亲切的，莫如他都写自己的一部分文字，如《我的失败》《可为而不可为》《失去的机会》——作者也像大多数从事文艺的人一样，是农民出身的知识分子。但他与人稍有不同的，就是如实地把自己的生活剖白出来，一面让人看，一面带讥嘲地，或者说带苦笑地从旁解说。就是在这种自我蔑视的解说上，作者深深打动了每个读者的心。

> 我也和许多人一样，从社会制度的破绽之处，勉强觅着饭吃。

这句话虽然是他忠直地说明自己，但是许多与他生活差不多的人看了能够不感动吗？这是事实，是一种知识分子的无情的自我批判。

在我们读到高尔基的初期尤其是过渡期的作品时，往往觉得字里行间充满了一个青年人的自我批判的成分。有时候，简直就感到通篇只是一番自己人格的剖析、估价、自己和自己在争论自己人格的价值。在一个大时代的前夜,知识分子爱估价自己,大约是普通事实,而那价格的涨落常常相差极远。《打杂集》的作者却把这些事用不假托的散文写了出来,比之小说、诗等,更加了一层亲切之感。

在《我的失败》中,他感慨地说:

> 在今日,我把一个故事写成一篇小说这事,看成杰作了。但在两年以前,绝不如此。我和同时代的许多青年一样,自从六年以前受了一次洗礼之后,已不把生命看作是个人所有,我把一种事业许给自己,这事业的伟大,是任何伟大的小说所不及的。虽然在六年以前,我找到一个可以写成一篇好小说的题材,但在前几年,我怎么愿意把心力用于写小说,我是将另一种伟大的事业许给自己的呵!

其结果呢,他有了妻,想给她加以"创造",然而不幸,妻有了孩子。"小孩的诞生,使妻的意识范围暂时缩小。她的心目中只剩了小孩,别的一切都不顾了。"

这显然已经一败涂地,然而不,还有——

> 当我牺牲了自己的前途,想创造妻却又失败之后,对于儿女的教养,是毫无自信了。当我估量自己所剩余的力量,觉得还可以写小说,而又屡被妻子所阻碍的时候,我不禁悲愤了。

一个志向远大的人,落得连写小说都不成,这是一个知识分子的现代悲哀,然而也可以说是自我的,不,"自群"的讽刺。

最后,他又说了一句:"然而,也许,这种种的失败和妻子都不相干,倒是我自己无力之故。"这已成了"言提其耳"的严格批判了。

在这一代的作者中,虽是描写自己的作者,却已不是纯个人感伤的了。他们的苦闷是不能讳言,但那苦闷之来,并非因其不懂得社会,而个人受了"压迫",倒是因为太懂得它。看一件事发生,就洞若观火地看出社会的原因来,"看出来"本是好事,看出后而自量无能为力,这就成了苦闷的来源。《打杂集》中,作者就清楚地表现了这种情形,屡屡地说着自己的苟活,屡屡看不起自己的"职业"。

但在这走投无路的情况中,作者却有另一种风趣——《秋风偶感》一文里,他说出了失业之苦,并告诉人,在他的小亭子间中,"也到了想在上海找工作做的三个男女",而他无法可想。

> 为了把头脑弄清爽些,独自出了昏闷的亭子间,在马路上踱着,继续盘算,无意中看到一处弄堂口的垃圾桶,忽然想起了古时希腊的哲学家迭奥琴尼的故事,这个古怪的哲学家,是没有家屋的,他每天栖身之所只是一只桶。

这好像是幽默,在逼得无可奈何之时,用点幽默来松松气似的。然而不然。在下面他继续写着:

> "一只桶!"我因而想到了倘若上海的垃圾桶

可以住人，那么我的三位乡亲的住处不是有了办法么？然而这到底也是不可能的。垃圾桶是容纳垃圾的，人们呢，倘不住房子，就只好困马路了。可是天气已转秋凉，困马路也不行了。

自己揭穿了幻想之为幻想，为无法时的解嘲，更使人深一层地感到一种滑稽的悲哀。这到底和金圣叹临刑所云"杀头至痛也，籍没至惨也，圣叹以无意中得之，大奇！"是不同的两种效果。

然而，作者的文笔仍是朴直一流。虽说朴直，却也有朴直的可爱处。他那篇《记莉莉·珂贝》，也就是用这种文笔写出来的，其中不仅描出了一位年轻的外国女作家，还描出了自己，使人有那么多的真实感。然而这种笔墨有时却会失败：比方《故乡一人》，可以说是一个极动人的故事。如果写成一篇小说那真是再好也没有的了，但就现下写成的形式看，却感到松散，没有色彩。

前面提过，作者是主张文笔不"弯曲"的，但我觉得，朴直固不坏，如果在必要时能加以艺术的强调，岂不也很好？虽说作者声明他的"短文毫无艺术意味，所以并不是文学"，这我们只能看作一种声明，因为他到底是期望着要写小说的。

还有一层，"弯曲"有时确乎难懂，但在"直率"这态度下难以表示意见时，"弯曲"岂不也是一好法子？——这是个人感想，已与徐先生文章无关了。

(载《大公报》1935年8月27日)

郁达夫的《出奔》

萧 乾

惊讶驱使注意。一个流行作者可以拥有众数主顾，但能令关怀中国文艺进展状态的读者分外留心的却是一位新作者的崛起，或一个曾光荣了过去的熟悉名字的再现。在有数的几位文艺先辈中，达夫先生应是最能攫住青年心魄的一位。他的《沉沦》早年曾贴切地道出若干生理成熟期的男女青年的心事。年来国内文化批评家对他的功过多所估量，但他曾以一种特殊文字和题材使多少青年引为知己却是桩不必否认的事实。经过相当的沉默，他有新作供献出来。这是一件极不宜忽略的事。这篇作品不但说明了郁先生本身有几许进步，并且它还是投下来的一块探测石，试试我们的读者曾否离开原来方法，中国文艺10年来到底向前移动了几步。

《出奔》的故事不以新奇惊人。它写的是农村土豪的贪婪、吝啬，革命集团的逐渐腐化和党内男女同志的投机恋爱。事情发生在作者最熟悉的浙江中部，时间是轰轰烈烈的1927年，北伐军前进途中。或者可以说是为了"点题"，故事便以土财主董玉林逃奔为开端。他挈了长女婉英和家人什物，乘小船往兰溪县城躲避兵燹。随后作者为我们交代清楚董家的来历：三间草舍起户，凭着勤劳、吝啬和剥削乡民成了财主。跟着，很模糊地我们看到了18岁的少女婉英和一个"有射手的眼睛，潮红的两颊"的青年在一只江船上依依攀谈。但这还不是故事的主人公。这是个引子。借这影子，我猜想，作者告诉我们婉英已成熟了，她等待一个异性共演一套,永远那一套把戏。这不难。具"少女特有的撩人之处"的婉英一瞬即被老同学拉进党里去。那里,宣传股股长钱时英,一个有"一身结实的肉",正满25岁的青年已在等待她了。他很郑重地邀她上横山看雪,中午到县政府用饭。这邀请竟使婉英通宵"在床上翻来覆去",恨不得"马上就上宿舍去找钱时英出来,到什么地方去过它一晚",不幸这青年用意甚良。他想告诉她全县乡民已控告她父亲的劣迹,县府正在审查中。这话如月老的手臂,即刻把婉英推倒在钱时英的怀里。他们互相拥抱起来。及至"嘴唇与嘴唇吸合了一次"之后,男的一不做二不休,索兴把她娶了过来。于是,云消雾散,告霸占的也咽气去世,告剥削的为以后借贷的便当也撤了诉。在喜宴席上,老岳父董玉林竟讲起"革命奋斗"来。婚后婉英所表现的是她爹爹的吝啬,然而在交际上又颇能干。当婉英正兴高采烈的时候,革命阵垒起了内讧,宁汉分了家。有志青年经不起讪笑,钱时英一气就向党部递了辞呈。婉英哪里依饶!但她的表情和说话却颇简单:"也好,你只要有钱维持你自己的生活。"钱时英气愤之余，半夜放了一把火。一礼拜后，模糊地似乎他又到了上海。在一家旅馆里，从报纸上读到全家烧毙的新闻。

读近年小说中描写的自然景物时，我们常有身在异土之感。有时是近于木刻的粗厉线条，有时是逐层渲染的水彩。因为游踪的广远、旧诗词的熏陶，作者写风景在文艺先辈中允称名手。他善于把捉并使用旧文学中的词句，描出消散简远的轮廓。本篇里这特色仍保持着。这种富古风的笔调绝不是念《国语》课文的后辈能追及的。读到兰溪，我们绝不至于疑它是威尼斯城。

然而仍觉缺憾的，是达夫先生笔下，1927年的兰溪并不和1527的兰溪有很多差别。这是因为作者把努力倾注于抒情地写那永不变的天然风景，对于附丽在美景上的为生存而起的喧哗斗争却疏忽了。因而在革命军入城那夕，我们只看见一面怪可怜的党旗孤单单地握在一个本地青年的手里。我们看不到那动乱大时代的浩浩荡荡，因为作者是想用一支描山水的细管挥毫到一个历史的重要阶段上。那失败是极不足奇的。

《出奔》与《沉沦》相距离已将近10年，作者对两性的观念并无改变。作者善写小家碧玉，婉英是一个。出现于所有作者叙事中的女角色都是中等人才，没有光彩，也没有尊严。凡是女性，似乎就没有可厌的，但把一位女人奉为皇后、仙女，用莲花宝座拱围起来显然也没有过。一双男女在作者眼中没有丑美、贵贱、粗细的分别，作者只着眼于结实与孱弱。因为在作者笔下，一切男女都是本能的，那是说，他们都为了相互满足某种欲求而存在。经过了近10年的变迁，作者的婉英依然是"虽则皮色不甚细白，衣饰也只平常，可是一种健壮的少女特有的撩人之处，毕竟是不能淹没的自然的巧制，也就是对于异性吸引蒸发的洪炉"。每个年轻人都同时是一只炮竹和燃烧物。触到了异性，即刻就无例外地訇然爆炸。没有踌躇，没有阻挠，一个使命单纯的小动物！

这故事中钱时英具有怎样的性格我们不敢断言，因为作者费了好大力气描写这块"结实的肉"，结实原应包括意志坚强，然而他竟在一瞬间，糊糊涂涂地把嘴唇放在一个陌生女人的嘴唇上,而且马上就决定迎娶过来。但对于董玉林的性格我们可不马虎。那性格是属于董氏全家的。谁还能错认了这极端吝啬的性格:董太太替尼姑垫了两块钱,尼姑死了,村人合资为她凑一具薄棺材,董太太竟拖起棺材盖来做抵押,要村人替还。更典型的,董先生竟在女婿新婚之夜闯进洞房,逼索房租。婉英,这惟肖的女儿呢,在丈夫辞了职以后,除了冷冷地要他自己维持生计以外,竟没有半点温情。由这些劣迹,我们还何从怀疑董家是吝啬的化身!我们很明确地认识了一个性格,然而却不曾看到一个立体的、有阴阳面的、有血肉的活人。作者的人物是典型的、单纯的,说着作者编成的丝毫不带语气的话,做着极本能的事。这种性格描写若编成文明戏,用来做打倒土豪劣绅的宣传必极有力,但安排在小说里却不相宜。傀儡戏中的木人原没有面部表情的。站在一座现代舞台上,一个好伶人连扬一下眉毛似乎都应象征一些情绪。这是说,艺术的进步是由外在转向内心的表现。不幸,和旧作一样,达夫先生在本篇里所努力的仍侧重外表，事实上，当一个人被剥光，成为一只动物时，心里的叙写自然也不需要了。只有梅特林克那呆子在动物身上用默想！不错，婉英在会见钱时英以前，曾在床上翻动了一夜，但我们看到的只是一只赤条条的动物在为原始的情欲之火燃烧着。一切乡村保守的传统，一切人事上书本上所予她的疑虑都似不存在。当她听到丈夫辞职的话时——这是他俩破裂之端，也即是本篇的顶峰，婉英的回答却只是单纯的"也好吧"！哦，钱时英在娶婉英的前夕还躺在床上想了一大段呢，"也罢……"，多么像《乌龙院》中轻拍脑门的宋江！

但本篇最令人失望的还是组织上的疏忽。时下许多撷取人生片断的近于散文的小说描写了虽尽细腻之能事，但常缺乏有头有尾的故事。读过《迷羊》等小说的人，都应相信达夫先生编排故事的本领。但当一个故事不能使读者相信时，像一个不善撒谎的老实人，还不如没有故事好。一个有组织的好故事应是有机体的。它的人物自己任意张嘴说话，不必作者来劈，更不用他在后面扮双簧。这样的故事，一切动作皆在极自然的状态中产生。作者的意志虽仍在后面推动着，一切虽仍由他预为安排，然而他不允许任何部分临空悬挂。为了获取读者的信服，他须为一件小事布下多重因由，为一个场面撒出层层雾围。这即是亚里士多德所谓诗比历史更真实的地方。在《出奔》里，这工作却未能充分做到。

在这里，对于一切予写作以便利的巧合作者都不曾放过。他甚而有《感应篇》信徒的嫌疑。在董玉林盘剥乡佬的时候，"儿女生一个死一个地死了五个之多"，及至他悔悟参佛之后，竟连连生了女儿婉英和儿子阿发。在董家倒霉时，乡人群起控告，经过婉英与钱时英一番热情拥抱，控告的即刻都死散了。故事的紧松不是由情势的推演，乃是作者在奏手提风琴似的一纵一抽，呼风唤雨，做着无节制的玩弄。他玩弄了故事中的角色，也玩弄了灯下屏心静气捧读着的人。

故事这样茫然前进，怎么结束呢？一个故事必须是完整的艺术经验，然而人生是一个无头无尾的故事。于是，为了方便，一个喜剧就惯用嫁娶或其他成功收尾，一个悲剧总是用各种愁苦不幸来结束。也许是为了给读者一个较深刻的印象,我们的作者为他的悲剧挑选了最厉害的一种——死。然而这又谈何容易!动刀要有声响,绳勒要留痕迹。于是,作者寻到了一个最简单的办法:放火。这办法除了旧小说中捉奸拿贼常使用,近代小说中还很少见到。不过这办法究竟太干脆了一点。这和达夫先生今夏在《新小说》上发表的那篇航空彩票中奖者之跳河一样突然,一样缺乏说服人的力量。

起初,我以为作者的企图是要描写农村封建势力的猖狂,但即刻国民党军开到了。我先以为亲经那大时代的达夫先生将在这篇里用1927的鲜淋血迹警惕我们。没有。作者注意到,至少写到的只是北伐时代的投机分子。然后,我又猜想作者将把党内腐化的现象和盘托出,我还没把捉到腐化的半点因果,场面便转入家庭内争去了。作者不甘仅写性爱的心志是可佩服的。他企图写一点与时代有关系的。他抓到一个热闹日子。那日子曾朽化了多少英灵。不幸达夫先生没看到当时革命高潮中青年的嘶喊和热血,因为他总忘不了男女那件事。这固执在过去曾把一位读得多写得好的作者围在感伤色情的圈子里。我们希望达夫先生闪身跳出来，用他当日暴露青年性烦闷的勇敢写出这非常时期中青年非常的苦痛。

当许多青年作者把时间精力放在描写荔枝秋雨的时髦小品上时，我们的达夫先生却写起逾万字的中篇，这份精神和努力同是值得推崇赞许的。我们拒绝用"老作者"称呼诸文艺先辈，因为中国新文艺一共也只有10多年的历史。这短短的时间还不够一本成功伟作的预备期。我们向达夫先生和一切前辈所期望的还很多。过去许多作家的努力是放在供给青年所需求的上面，今后我们希望这努力将转向供给他们所应有的。那是说，至好的。

（载《大公报》1935年11月4日）

卞之琳的《鱼目集》

刘西渭

看着那青白红嫩的封皮和它幽娴贞静的暗示，我们便得恭维没有铺面的文化生活出版社有胆量印行"文学丛刊"，接受主编的建议，在戏剧小说之外，给我们贡献一本诗集。想想我们这粉饰太平的时代，低级趣味的文化事业，枯索落寞的精神生涯，诗——那最高的灵性活动的征象——已然一文不值，冷落在一个无人过问的角隅。我们不说旧时，旧时有它传统的势力，而且如今变成政治的势力——你不妨记记政治家近日的感时咏事之作。对于旧时人，旧诗已经沦成一种附丽，或者一种宣泄，属于人性不健全的无节制的快感。我们今日很难看见一首好的旧诗是好的诗。我们的生命已然跃进一个繁复的现代，我们需要一个繁复的情思同表现。真正的诗已然离开传统的酬唱，用它新的形式，去感觉体会糅合它所需要的和人生一致的真淳：或者悲壮，成为时代的讴歌；或者深邃，成为灵魂的震颤。在它所有的要求之中，对于少数诗人，如今它所最先要满足的，不是前期浪子式的情感的挥霍。而是诗的本身、诗的灵魂的充实，或者诗的内在的真实。

这正是半新不旧的人物难于理解的一个共同的趋向。从《尝试集》到现在，例如《鱼目集》，不过短短的年月，然而竟有一个绝然的距离。彼此的来源不尽同，彼此的见解不尽同，而彼此感觉的样式更不尽同。我敢说，旧诗人不了解新诗人，便是新诗人也不见其了解这少数的前线诗人。我更敢说，新诗人了解旧诗人，或将甚于了解这批应运而生的青年。孤寂注定是文学制作的命运。如今尝试的倾向越来越轻，误会的分量却越来越重。一切进步了，我们感觉的样式愈加繁复了，我们心灵的活动愈加缜密了。我们从四面八方草创的混乱，渐渐开出一条道路——是不是奔向桃源？没有人能够解答，也正无需乎解答。但是我们可以宣示的，是诗愈加淳厚了。

它终于走近一个旧诗瞠目而视的天地。

旧诗人不免诧异道：怎么！一个人竟然这样作诗吗？我不懂这里的形式，这里的内容，还有，那感觉的样式。

新诗人也许为这些年轻人杞忧，因而为新诗的前途悲观。他否认落后，因为怎样能算落后呢？他揭竿的日子还在眼前，他革命的情绪还在心头。他惋惜这些年青人走进了一个牛犄角，可不，牛犄角，没有出路。

但是这群年青人站住了，立稳了，承受以往过去的事业（光荣的创始者，却不就是光荣的创造者），潜心于感觉酝酿和制作。最初有人反对"作"诗，用"写"来代替；如今这种较量不复存在，作也好，写也好，只要他们是在创作一首新诗——一首真正的诗。音韵吗？节奏吗？规律吗？纷呹吗？好的，好的，……不过他们没有时光等待，他们的生命具有火热的情绪，他们的灵魂具有清醒的理智，而想象做成诗的纯粹。他们不求共同，回到各自的内在，谛听人生谐和的旋律。拙于辞令，耻于交际，他们藏在各自的字句，体会灵魂最后的挣扎。他们无所活动，杂在社会的色相，观人性的无常。

《鱼目集》正好象征这样一个转变的肇始。[①] 往年读作者私人印行的《三秋草》，读到：

> 我还想得起
>
> 你从前
>
> 说是

---

① 这种肇始也许只是少数人的事业，多数人属于虚伪的传统（因为不是创造的），或者带着超人的企图，也许不同情，甚至于加以否定。但是在创作上，自来不就是少数而又少数者在领先吗？等到少数变成了多数，事业又需换番面目了。谁知道？创造是个莫测高深的神秘。

"白金龙"

淡

而有味,

我问是

上口像不像回忆。

又读到:

近

又迢远[①]

不由自己心想,这或许可以借来形容对《三秋草》的印象。胡适先生推崇的"言近而旨远"[②],未尝不可以引来作为印象的一个注脚。那样浅、那样淡,却那样厚、那样淳,你相信诗人已然钻进言语,把握住它

---

① 引自《三秋草》的《朋友和烟卷》一首诗。《三秋草》是1933年5月出版。《鱼目集》收进了这里八首诗。

② 见于《寄沈尹默论诗》一文。

那永久的部分。对于他和他的伴侣,特别是何其芳和李广田先生,[①]言语无所谓俗雅,文字无所谓新旧,凡一切经过他们的想象,弹起深湛的共鸣,引起他们灵魂颤动的,全是他们所伫候的谐和。他们要把文字和言语糅成一片,扩展他们想象的园地,根据独有的特殊感觉,解释各自现时的生命。他们追求文字本身的瑰丽,而又不是文字本身所有的境界。他们属于传统,却又那样新奇,全然超出你平素的修养,你不禁把他们逐出传统的文学。拿一个人的经验裁判另一个人的经验,然而缺乏应有的同情,我们晓得怎样容易陷于执误。所以最初,胡适先生反对旧诗,苦于摆脱不开旧诗;现在,一群年轻诗人不反对旧诗,却轻轻松松甩掉旧诗。决定诗之为诗,不仅仅是一个形式内容的问题,更是一个感觉和运用的方向的问题。

---

① 一个奇迹:这三位诗人都是北京大学出身,同时读书,而且同在中学教书。据商务预告,他们有一个《汉花园》诗集将行问世。我这篇东西本应在那时做的,但是商务把一个光荣的新生判到那样长的一个无期徒刑,我实在缺乏忍耐等下去了。

如若周作人先生对日本人讲:"中国现代白话文学正在过渡期,用语猥杂生硬,缺乏洗练,所以像诗与戏剧等需要精妙语言的文学,目下佳作甚少。"①这话得分几层来看。假定站在一个历史的观点,我们便发现几乎所有伟大的诗人,都在一个时期的开端露面。希腊的荷马、拉丁的斐尔吉、意大利的但丁、法兰西的七星诗派、英吉利的莎士比亚,甚至于中国的屈原,绝不因为言语"猥杂生硬",作品流于贫窳。言语是表现的第一难关,临到羡赏,却沦成次要的(虽然是必要的)条件。一个灵魂伟大的健全的身体,虽说衣服褴褛,胜过一个多愁多病的衣冠禽兽。所以,站在一个艺术的观点,文字越艺术化(越缺乏生命,因之越形空洞),例如中国文字,临到清明,纯则纯矣,却只产生了些纤巧游戏的颓废笔墨,所谓"发扬性灵"适足以销铄性灵,所谓"光大人性"适足以锉斧人性。我们现时的言语,

---

① 参阅《大公报》1936年1月12日的"文艺":题目是"中国文学与用语",长濑诚作,佩弦译。

如若"猥杂而欠调整，乏艺术味"[①]，问题不全在言语而更在创造，不全在猥杂而更在调整，至于艺术"味"，天晓得这是怎样一团不可捉摸的神秘，我们只好敬告不敏。

放下"味"，我们不妨拿起艺术。我们有意把这拆作两截，因为"味"是留给票友阶级，而艺术属于一切创造者，或者干脆些，属于任何不平常的平常人。这很难区别，然而就制作的结果来看，却又那样容易结识。什么是元朝文学的精华？戏剧。什么是明朝文学的精华，戏剧小说。什么是清朝文学的精华？小说。这绝不是前人梦想得到的一个评价。这里言语"猥杂生硬"，然而属于艺术。这里呈现的是人性企图解放一个理想的实现。等到一切，甚至于文学，用到不堪再用的时节，富有特创性的豪迈之士，便要寻找一个贴切的崭新的表现，宁可从"猥杂生硬"而丰富的字汇，剔爬各自视为富有未来和生命的工具，来适应各自深厚的天赋。

[①] 见于《寄沈尹默论诗》一文。

在这时，"猥杂生硬"，唯其富有可能，未经洗练，才有洗练的可能，达到一个艺术家所要求的特殊效果。在这时，你方好说言语创造诗人，虽然骨子里是：言语有待于应用来创造。

二者关联这样微妙，我们有时多看一眼历史，便会倒过这个公式，说做诗人创造言语。一种文字似已走到尽头，于是慧心慧眼的艺术家，潜下心，斗起胆，依着各自的性格，试用各自的经验（我几乎要再请感觉出来），实验一个新奇的组合。浦鲁斯蒂（今译普鲁斯特）。批评福楼拜，说他最大的（或者唯一的）功绩，就是复活法兰西文字，把它没有的生命给它，帮他增多一个工作的可能。实际上，浦鲁斯蒂这伟大的现代小说家，不下于福楼拜，也在创作一份得心应手的言语。而且甚于福楼拜，同时带来了一个新的天地。他们给言语添了一种机能。或者，随你便，你把这叫作一种新的风格。福楼拜，甚至于浦鲁斯蒂，都有颓废的气质，然而他们伟大，他们的作品属于高贵的艺术。唯是他们善能支配言语，求到合乎自己性格的伟大的效果，而不是言语支配他们，把人性割解成零星的碎块。这些碎块也许属于钻石，可惜只是碎块。①

亲爱的读者，你看得出我怎样同情这少数中国现代青年，强自帮他们辩解。他们如今各用最高的力量，调整他们"猥杂生硬"的言语。然而调整言语不是他们终极的目的。他们挣脱旧诗，却承继着民族自来的品德。我们不妨打开手边的《鱼目集》，说这里文字的质朴

---

① 就艺术的成就而论，一篇完美的小品文也许胜过一部俗滥的长篇；然而一部完美的长作大制，岂不胜似一篇完美的小品文？不用说，这是两个世界，我们不能用羡赏小品文的心情批评一部长作大制。不错，我们不能强自索求。蒙田和巴尔扎克是两个世界，我们不得要求蒙田做巴尔扎克，或者巴尔扎克做蒙田。可是人人不见其全是蒙田，而且即使全是蒙田，人类和文学将要陷入怎样一种单调的沉闷！而且当你遭到一个空前的浩劫，仅能带一本书逃命的时候，譬如说，你挑选屈原，还是袁中郎呢？英国人不在说吗？最后选择的时节，宁可牺牲英吉利，也得保存莎士比亚。我承认兰姆和莎士比亚属于两种存在，或者两种价值，但是临到有人劝诱人人去做兰姆的时节，你能不瞠目而视吗？所以我说，"发扬性灵"只是销铄性灵。中国始终是一个道学家的国家。你看见一个自由主义者，实际他想轻轻颠覆人类笨重吃力而高贵的努力：不自知地转进另一个极端。胸襟那样广大，却那样窄狭！你佩服他聪明绝顶，然而恨不给他注射一针"傻气"。

令人想起陶渊明。我们更不妨说：

岂无一时好，

不久当如何。

寒暑流易之感，未尝不在这里出现。不过，高贵的读者，你立即可以发现，从前我们把感伤当作诗的，如今诗人却在具体地描画。从正面来看，诗人好像雕绘一个故事的片段；然而从反面来看，光影那样匀称，却唤起你一个完美的想象的世界，在字句以外，在比喻以内，需要细心的体会，经过迷藏一样的捉摸，然后尽你联想的可能，启发你一种永久的诗的情绪。这不仅仅是"言近而旨远"；初看是陈述，再看是暗示，暗示而且象征。

因而它所引起的愉悦，不属于典故，却属于联想的暗示。诗人不是有意抛弃典故，到了必要时节，他依旧破例使用，然而这早已化成他的血肉，受过想象的洗礼。

我们的诗人不徒感伤，但是他怎样忧郁，如若你咀嚼他力自排遣的貌似的平静！你别看《新秋》那样轻快，

《海愁》那样暖暖,实际犹如望着那滴眼泪,诗人

怕它掉下来向湖心里投。

他离爱情那样远,这里不见一首失恋的挽歌。他的悲哀属于一种哲学的"两难……"

人情跑过了年龄
又落到后面来。

时光是酷虐的,不顾人力的挣扎,河水一样泛滥下来,冲洗掉生命的庐舍。短促的渺微的生命,禁不起寂寞,

他买了一个夜明表,

为了听到一点声音,哪怕是时光流逝的声音;但是

如今他死了三小时,

夜明表还不曾休止。

为了回避寂寞，他终不免寂寞和腐朽的侵袭。这种悲哀，或者惆怅，要是仅仅属于时光，也还罢了。不幸更有一个东西作祟，那助纣为虐的空间，或者距离。时空远远相交，诗人正好走在二者的交切点，却又一切不和他相干。是他的心（童心？）自己起了这种错觉作用，还是这种错觉勾上他的心的反应？长短没有一定。犹如《逍遥游》提示的哲理，我们的诗人同样奇怪"于窗槛上一段蜗牛的银迹——'可是这一夜却有二百里'"。他虽是时空的交切点，可是他不正受二者的讥讽吗？

忽听得一千重门外有自己的名字。

他的生命不是一个永生的继续，一个司比奴萨（今译斯宾诺莎）哲学的小点子？他完成历史的进行，地域也不见得就是他的障碍。是谁影响谁？谁是谁的主宰？神秘的交错！难道诗人必须"寻求算命小锣的铛铛"吗？

现在，高贵的读者，你晓得什么萦惑着诗人的心情，我希望你回到那题作《圆宝盒》的第一首诗。什么是圆宝盒？我们不妨猜测一下。假如你从全诗提出下面四行：

>别上什么钟表店
>听你的青春被蚕食，
>别上什么古董铺
>买你家祖父的旧摆设。

是否诗人心想用圆宝盒象征现时？这个猜测或者不见其全错。那"桥"——不就隐隐指着结连过去与未来的现时吗？然而诗人，不似我们简单，告诉我们"可是桥"

>也搭在我的圆宝盒里。

那么，如若不是现时，又是什么呢？我们不妨多冒一步险，假定这象征生命、存在，或者我与现时的结合。

然后我们可以了解，生命随着永生"顺流而行"，而"舱里人"永远带着理想，或如诗人所云："在蓝天的怀里。"是的，在这错综的交流上，生命——诗人的存在——不就是

> 好挂在耳边的一颗
> 珍珠——宝石？——星？

还有比这再悲哀的，我们诗人对于人生的解释？——都是装饰。

> 明月装饰了你的窗子，
> 你装饰了别人的梦。

但是这里的文字那样单纯，情感那样凝练，诗面呈浮的是不在意，暗地却埋着说不尽的悲哀，我们唯有赞美诗人表现的经济，或者精致，或者用个传统的字眼儿，把诗人归入我们民族的大流，说作含蓄蕴藉。

然而他是一个现代人。一个现代人,即使表现凭古吊今的萧索之感,他感觉的样式也是回环繁复,让我们徘徊在他联想的边缘,终于卷进一种诗的喜悦,而又那样沉痛!高贵的读者,如若和我一样,你不幸也是"故都"一样的遗民,今日读着《西长安街》和《春城》,将要陷入怎样一个不可言传的杌陧或者沉默?最好,我们鼓励自己一句,随着诗人说:"不要学老人……"

(载《大公报》1936 年 4 月 12 日)

顾一樵、顾青海的《〈西施〉及其他》

常 风

这个集子收了两篇历史剧。一篇是顾一樵先生的《西施》,一篇是顾青海先生的《昭君》。《西施》首在1921年发表于《新月》杂志,《昭君》则在1923年的《文学季刊》上登载过。顾青海先生是个比较陌生的作者,我们和他的认识似乎是从《文学季刊》上登载他的剧本开始。顾一樵先生则在10年前由于一本短篇剧作集《芝兰与茉莉》早引起文坛上的注意。而且他是在写《西施》以前曾刊过一本剧集《岳飞及其他》被誉为"民族文艺"的作家。"九一八"事变之后,许多从事于文艺事业的人都想在这外侮频凌的时候做点有所补益于民族的工作。顾一樵先生的《岳飞及其他》其剧四篇:《岳飞》《荆轲》《项羽》《苏武》即是在这种精神下写成的。他就我们历史上最富有爱国思想的四位人物的故事演绎成四篇剧,目的在以这四个古人的爱国事迹鼓舞读者油然发舍身报国的高尚精神。现在的这篇《西施》也是具有这个目的的。

《西施》是一个四幕剧。第一幕《浣纱女》写西施和她的表哥范蠡。第二幕分二景,第一景《辱勾践》,第二景《献西施》。第三幕《醉西施》写西施与范蠡,与吴王夫差。第四幕分二景,第一景《勾践誓师》,第二景《夫差殉国》。作者的主要目的当然是以西施的牺牲自己救越国为主要的题旨,同时都穿插了西施与范蠡的恋爱,西施与夫差的恋爱。到这剧的最后一幕,不在写牺牲自己救国家的奇女子,而在写受着夫差的爱的感化的西施了。这是最香艳的一幕。所以读到这剧的最后，我们怀疑这篇剧的主旨究竟是什么。作者不只是写，而且似乎用全力写西施与夫差。西施在第三幕中渐渐就有了"转变"：在她的心上，夫差逐渐代替了范蠡的地位：

夫（差）：你醉了可还记得我？

西（施）：我醉了就是为你。

夫：你为我而醉，那么你真爱我么？

西：大王，我醉了就不能不爱你。

夫：妃子！

西：大王，你待我的真情厚意，我一向都知道。但是，你要原谅我是一个越国的女子。

夫：西施，我的西施，你不是越国的女子，你亦不是吴王的妃子，你只是天下的美人，万古的美王。

西：我也愿意我是越国的女子。但是，我更愿意你不是吴国的国王。

到了第四幕的第二景，西施对于夫差的爱已够得成熟

了。所以先劝夫差做"一个英雄",继又决心说:

"大王,恕贱妾直说,借粮报荒是他们的计策,越国的兵已经在打来了。只因为大王不舒服,没有敢早报告。……"

一个牺牲了自己救国家的女子,到这时竟牺牲了国家来救爱人。后来夫差同范蠡打了几回合受伤回来。

夫:英雄爱美人——
西:美人爱英雄——
夫:西施,你是爱英雄的美人!
西:夫差,你是爱美人的英雄!

我们读到这里,亲爱的读者,皮肤上生什么感觉?及至西施为她的爱人而死了后,范蠡跑来寻见西施的尸体,还喊着:"哎呀,这是西施,可怜为国牺牲的美人,终于遭了夫差的毒手。"在剧终东施说:"可怜西施妹妹，她救了越国，牺牲了自己！"我们不知道这是真诚的褒词，还是作者有意安排的一点讽刺？东施效颦是几千年来受人讽嘲的。这次她却不曾效颦地爱她的敌人，反而将她委身侍奉的太宰豁杀了。

假如我们说《西施》是一个香艳的爱情剧，则顾青海先生的《昭君》也可以归入这个类别之下。《西施》写西施与范蠡、夫差的爱情，在《昭君》里也是这样的一个三角恋爱剧，昭君、大汉皇帝和可汗，还有一个逆伦的故事——大汉皇太子和碧玉——做穿插。《昭君》分三幕，第一幕《汉宫深处》写毛延寿的奸计和昭君之被遣和番。第二幕《沙幕一角》写昭君初到目的地在燕然铭碑侧自悲身世和她与可汗初次的会见。第三幕《汉帝寝所》写汉帝寝疾，太子与碧玉的调情，昭君的鬼魂显灵，最后以昭君的魂嘱咐太子、碧玉和大臣的话结束全剧。第二幕是最重要的一幕，在这幕中作者力写昭君，也写可汗。作者在第二幕末附有两个注，两个重要的注，解释昭君和可汗。昭君置身在绝域，她须给她自己安排将来的生活，恰好遇见的"可汗是一个天真的沙漠之王，而含有极上等、极高贵的性情"，可汗又是"第一次遇见真真的爱"，"他有时免不了一种甜蜜的唐突，这种唐突是女人最喜欢的"，所以当第一次和可汗见面后，可汗说"你累了？（抱昭君于臂上）我抱你回去"时，贞坚的昭君就娇声说"我不要"，"可是实在要，以臂围可汗的颈"了。

　　作为戏剧看，这两篇剧距成功尚有相当的距离，作为历史剧看，这距离似乎还要大。戏剧在他的姊妹艺术中是比较难于安排的一种艺术。历史剧则更要难一点，它首需要的是一点历史的尊严性。这是历史剧的基本条件，没有它历史剧即无存在的理由。历史剧是要将过去的故事重新表现出来，这表现应力求和我们生存在的现在隔开，让我们能借这表现接近那个过去的时代，得到一点古代的幻象。戏剧是借言语为传达的主要媒介的，所以一个写历史剧的人最应注意的也是他剧中的语言。剧中人说话必须合乎各人的身份，不应该任作者兴致淋漓地吐出一篇话分配给剧中人说出来。这两篇剧的作者似乎都忽略了历史剧的基本条件——历史的尊严性，因而在对话里有不少欠缺尊严，令我们觉着遗憾的地方。（如《西施》第二幕第一景伍和太宰的争执，夫差见了越王夫人时说的话，第二景甲和太说的话，第三幕的许多对话，第四幕第一景众乡女向勾践说的话，第二景夫差与西施说的话。在《昭君》中第一幕汉皇与飞琼说的话，牛、左、马诸人说的话，第三幕碧玉与太子说的话）至于剧中人物的个性，及故事虽是根据历史或传说，作者仍有充分的自由来处理这故事，创造这个性。不过却须能不触犯我们"合理"与"适当"的感觉。故事结构的一致、人物的品格与动作的一致，更不容我们有一点忽视。即以《西施》来说，以写西施的爱情为主本来是可以的，但是过多的篇幅却写了其他的事情，结果，西施竟被写成那样一个人物。而且作者似乎自己也有一点茫茫然，在剧的开始他有一个主题，写了一半，他不觉又拣了另一个主题，他不曾坚牢地把住一个不变的"目的"，这样他当然不会处理得好。假如我们可以用"缺点"这字，我们愿意说，《西施》与《昭君》在人物品格的点染方面缺点实在太多。比方说，西施和昭君的品格就都欠明晰，两位作者都太讨巧了，留下了太多的空白让我们猜谜般填满。昭君与可汗相爱尚可能释为一种"报复心理"（对于汉元帝的报复），不过在第一幕中不曾从正面写昭君对于元帝之哀怨，所以第二幕的动作就不免有点突兀。西施与夫差，为夫差而死，却太难索解了。第一幕写西施与范蠡太不够，第三幕西施渐渐爱了夫差，以至第四幕的殉情较之《昭君》里写昭君还要突兀。这果真是"美人爱英雄"吗？

就这两剧来看，我们大胆地这样揣想：虽然是已成名的，曾经写过若干剧本的作者，顾一樵先生和顾青海先生还很难能把握住写剧的艺术。写剧不是仅铺陈一个故事，仅捏弄几个人物，将那故事由那些人们口中叙述出即成功。写剧既被称为"艺术"，自然不会这样容易了事的。这两剧的题材很可以成功两篇优美的剧，这个可以在我们的"文学遗产"中找到证据。若我们不论艺术上的价值如何，成就如何，则在这两篇剧——《西施》与《昭君》中，《昭君》尚是差强人意的一篇。

（载《大公报》1936年5月8日）

何谷天的《分》

李影心

较近几年,创作界有一种进步的趋向,把创作依附于写实这一名词下,使故事内容和现实生活发生关联,为一向被身边故事及个人幻觉所环系的创作题材之一种新的解放,同样亦为新的注入。这类放大眼界,使创作效能增强,为若干比较前进作者鼓励处,在大量新锐青年作家中,表现最为明显。大致说,多数写实的作品类皆有一个平凡的叙述,使生动的故事停滞了生命的活力，且在写实之外缺乏深刻的理想。

何谷天先生似乎便不是例外。这部集子《分》，包括 5 个短篇，都刻描了一些真实的各角落的生活，一些属于被压迫者的低微的苦痛。那若干事件正为现今社会之极伤惨的悲剧，具有颇丰富感人的成分。但作者对艺术的选择及剪裁缺少精密的体会，致使事项展开支离且不自然。

把《分》和《恨》并列，在取材上颇有若干相似处。这两篇都以被挤在通常生活正轨之外的弱者为叙述的对象，那故事中人且皆为别人奚落、侮辱，因而对目前生活感到悲愤和痛苦，于是从含混模糊的暗示中，便发现了另一条生存的路，毅然决然地摆脱了这卑鄙龌龊的社会，努力追寻那"光明"。《分》中的出路且是双重的。然而这两篇在组织上，却有极大的区分处，使两个轮廓大体相同的故事成为迥然特异的显现。那原因在，作者对题材的处理，采用了两种相反的手法，使艺术效能有着惊人的反差。

如较前一些时候，《恨》以近两万字篇幅，描写了社会对一个孤立人的欺凌（那人自有生活以来，似乎便不适宜于生存，从各方受了颇不少的磨难）；相关的，这阐示便透露了若干黑暗社会的罪恶。故事是在现实生活中滋长，当不乏社会的意义；我们且见出那事项之内在核心，浓淡极为分明。情节单纯，仍沿着曲折的弧线有所发展，使平直故事错综繁复，不致单调乏味。反而亦具有浓烈写实气氛的《分》，虽占全书三分之一的页数，在事项之阐明上，却不如《恨》那篇写得凝练、紧凑。《分》里同样有个被奚落的弱者，生活的磨难及《转变》的情节，但《分》似乎单独占有不相称的叙述。这较长的短篇应该是属于事项之记载的体裁，却不是需要一点作者匠心运用支配的艺术表现。或更甚的，《分》的写作是一篇友情的回忆，或是在过去的追怀外尚希望能寻得一点未来的理想出路或其他的指示！但却不是我们所欲觅求的了。我们总觉得《分》那故事中有着多量的穿插，使整个情节显得散漫支离，并非是适当的处理。穿插复杂，并非属于奢靡的消耗，但得问那穿插是否和故事情节一致和恰宜。《分》里过多的穿插便显得阻碍了故事发展，且容有许多不必要的成分在内。又如故事虽写了两个相同的类型,并用了多方的陪衬,我们认为,作者在刻描上的不吝篇章、不加节制,多少近于字数上的浪费。和《恨》比较,文字冗长虽为《分》一篇的特出,仍不是作者创作过程的常轨。一个主要的分野在,前者是纯客观的写实,而后者在叙述上感染了强度的主观色彩。

《薛仁贵征东》和《雪地》虽刻描了两个不相同领域,却是内地角落生活的写实。前者以一个老年人丧子的悲哀为主题,连带地指明了农村的饥苦与造成这饥苦的原由,在故事末尾几年来被压制的愤恨得到发泄。后者则以广泛的群众生活为对象说明若干军人叛变的种因。两篇同达于事项记载之尖锐与白热的程度。

作者不缺少刻画性格的笔致,且能臻于完美。如《薛仁贵征东》那故事中老人的一切姿态,便是极好的例子,惜乎不曾有尽量的发展。我们看那位宗伯伯的行动举止,非常可爱;至少这一人型,充分富有生命的活力,为概括描写所不能及的。这老人也有幻想,也有希望,但当那希望变成绝望,幻想为事实的残酷所掩灭,则那人的疯狂或痴凝的神情便非为不觉得造作,反而自然合理。然则,那老人当偶然机会遇合时,不是也会有和年青人一样的感情的冲动吗?宗伯伯从儿子死后便对一切都不大留意,却对迎神求雨感到兴奋,并顽强地参与了青年人的若干行动,虽属一点偶然的意外,仍是沿着一贯的情绪。作者能在短的文章中,表现出强烈的事态为一切难能的处理,像《雪地》也是。《雪地》所写为一幽僻角落之陌生的题材,作者却极稔熟地支配了事项进展,生动从容,且描写与故事情节相融合,全篇中似乎容有完整的协和,使色调统一,组织健全。但我们愿说,《雪地》特别在有一个好的背景,为故事增强了浓度。就由于那特殊的环境,一群弟兄们都不能为自身生存而做保障,另一面却被看作个人"生命不如一只鸡",每人皆有愤恨的火焰在内心燃烧,预备爆炸。唯是这之中,作者期望以群众行为来指明一种力量,忽略了刻描一个目的人物来表示主要的性格,虽是紧张,仍缺乏内质的密结。

这四篇相异的题材中,却有一共同点,在故事临末表现一点，情节上的突兀，为反常的描写。《分》《恨》同写了弱者"转变"的故事，《薛仁贵征东》《雪地》则在篇章末尾说明群众的力量。然而我们怀疑，前两篇故事中人所要走的那条光明的路，能否有一条坦途，由于那暗示的模糊、隐晦，且多少含有渺茫的幻觉，反而像后两篇，那些叛变的群众在最终能否获得完全的自由与愉快虽同样为不可解的谜，却因为事项在自然无节制中展开，虽属意外，要亦近情近理，便不觉得过分勉强。那轩轾在，作者是否将故事情节支配自如，运用得宜，使一切人事关系的演进皆达于有秩序的归趋，却非强制的组合。

上面这理由，倘能作为一般创作成就的解说，则《山坡上》所写便觉得不尽圆满。这篇8000余字的短篇，也是属于写实之作，内中有一幕交锋及肉搏，一幕两个"仇"人在被巨手所安排的巧合中彼此搏斗，及因发现弱点而激起的谅解。前者虽在紧张中展开局面，仍在中插入多量不相关的描写，使事项进展失去一贯的连串及全盘的完整，且破坏了整个情绪的健全。后者则显示一点人性，篇章中不缺乏同情与怜悯，然而故事场合是那样不自然，多少有作者强构的成分，使事物演进为纯人为的。我们看，那麻脸军人从"感到一阵克敌的痛快"到"觉得眼前这三角脸非常可怜起来"中间过程发展便过于急促。作者在事实演进纹路的描画上不厌其详，但那若干描画皆为浮面的，缺乏更深的事件之内在的阐示。《山坡上》且无心理描写。

我们试把《分》这集子的 5 个短篇并论，故事写实似乎为争材方面的一致。从《雪地》到《分》，每个故事皆包容一个积极的意义，使情节强调，且表现了一种力；然除去这点积极的色调外，便很少再容有艺术的必要因素，那成就仅限于写实这一角度。然而我们在《山坡上》一篇中却见出另一种新的酝酿，在写实之外，容许理想在情节中存在，使故事暗示了人性的发动，为作者在艺术处理上的一点进展，特别值得我们注视。如一切深邃的阐示或其他，刻描人性正是向较高成就中发展的一个重要过程。

（载《大公报》1936 年 5 月 10 日）

蹇先艾的《城下集》

刘西渭

蹇先艾先生的世界虽说不大,却异常凄清;我不说凄凉,因为在他观感所及,好像一道平地的小河,久经阳光薰炙,只觉清润可爱:文笔是这里的阳光,文笔做成这里的莹澈。他有的是个人的情调,然而他的措辞删掉他的浮华,让你觉不出感伤的沉重,尽量接纳他柔脆的心灵。这颗心灵不贪得、不就易、不高蹈、不卑污,老实而又那样忠实,看似没有力量,待雨打风吹经年之后,不凋落、不褪色,人人花一般地残零,这颗心灵依然持有他的本色。这是个老牌子货,失望和它没有多大的关联。

他的本色是所谓一介寒儒,因为本质是个安分守己的儒者,原先虽说学的是经济,字句之间,总不能忘情于他的文法。但是,谢天谢地,他虽说读过文法一类的书籍(蹇先生在中学教书),却没有听说写过文法类诱掖子弟的东西,所以他的文章不弄枪花,笔直戳进你的心窝,因为他晓得把文笔糅进他的性格。不知读者如何,我厌恶来自文法的一切,喜爱和性格冲突而又谐和的造语。一个作家努力从传统征取他的字汇,用来逐渐培养成他生命上怒放的花朵。说到风格,在良友最近出版的《踌躇集》的序里面,蹇先生分析自己道:

  谈到描写所用的文字这一层,因为个性的关系,鲜艳夺目的、幽默的、泼辣的,这三种文章我都是十足的外行,都不会写;要我亦步亦趋地学时髦，偏自己又缺少这样的耐性。——没有法子想，只好在字句的质朴上做点儿工夫了。

这是一段事无不可与人言者的坦率的自白，却又微微带着点儿讥诮的弦外之音。是的，一个老实人同样会讽刺，例如不应博学鸿词的吴敬梓，别瞧是个儒生，有时不比任谁更少尖酸。蹇先生的短篇小说往往富有嘲弄中产者的意味，却又不过分辛辣。然而这挡不住他同情芸芸众生，一般在命运泥涂里挣扎的良弱。他的短篇从来没有得到公正的评价，好处是他不计较一日之久暂，如今按部就班出到第六册了。在寂寞的写作长途上，他渐渐从身边摸索出一块岩石，不时在暗中给自己情感打亮。一个人最高贵的事业，不是做个万人之王，而是发现自己这块处女的心田，用无上的权威治理。蹇先生发现了自己。他离开他的身边，走回他的故乡——贵州。在我们今日富有地方色彩的作家里面，他是最值得称道的一位。

这一介寒儒，因为贫苦是他的生活，所以把贫苦当作他的伴侣。《城下集》便是这些伴侣的（无论旅途家居）忠实的记录。忠实，所以动人于不知不觉。忠实等于忠厚，所以这小天地有其可留恋者在。这长短不一的17篇散文，中间有7篇属于游记。我不敢说别人的看法，对于我，这7篇游记胜似若干空灵或铺叙的明人小品。这些游记，不是名人的游山玩水，不是骚客的吟咏题跋，全得之于无心，终而成为一个有心人的甘苦。还有比一个中学教员生活板滞的！时间有限的！旅行在他是不得已，一种人生的回避，一种社会的学习。这是一个三等车的乘客，一个现代散文化的诗里的白居易，拿人间的忧患来孕养他多情的灵魂。我羡慕游记作者郁达夫先生，我欣赏人海里捞出来的汗珠。

（载《大公报》1936年6月5日）

李广田的《画廊集》

刘西渭

我先得承认我是个乡下孩子,然而七错八错,不知怎么,却总呼吸着都市的烟氛。身子落在柏油马路上,眼睛触看光怪陆离的现代,我这沾满了黑星星的心,每当夜阑人静,不由向往绿的草、绿的河、绿的树和绿的茅舍。我有一个故乡,从来少有谋面的机会,我把大自然当作我的故乡,却把自己锁在发霉的斗室。然而如若不是你,我的书,我的心灵早该和鲜花一样奄奄。

你是我的灵感，你让我重新发现我自己，带着惭愧的喜悦，容我记下我再生的经验，和同代男女生息在一起，永久新绿，而书，你正是我的大自然。我不问你红颜白发，只问你给我的那种亲切的感觉，这活在我的心里，无论远在古代，无论近在眼前，我全感到它的存在。

李广田先生的诗文正是大自然的一个角落，那类引起思维和忧郁的可喜的亲切之感。亲切是一切文学的基本条件，然而自从16世纪蒙田以来，几乎一篇成功散文首先需要满足的是一种内外契合的存在。没有诗的凝练，没有诗的真淳，散文却能具有诗的境界。然而这也只是一种散文，犹如亲切，可以接受若干解释。散文缺乏诗的绝对性，唯其如此，可以容许所有人世的潮汐，有沙也有金，或者犹如蜿蜒的大溪，经过田野村庄，也经过团团城邑，而宇宙一切现象，人生一切点染，全做成它的流连叹赏。诗的严肃大半来自更高的期冀，用一个名词点定一个世界，用一个动词摇动三位一体的时间，因而象征人类更高的可能，到人类更高的推崇。散文没有那样的野心，它要求内外一致，而这里的一致，不是人生精湛的提炼，乃是人生全部的赤裸。

所以一篇散文含有诗意会是美丽，而一首诗含有散文的成分，往往表示软弱。我知道今日有所谓散文诗者，是一种至可喜的收获。然而当其自身达到一种境界，成为一种艺术的时候，犹如散文诗（最好另用一个有独立性的名词），不得看作一种介于诗与散文中间产物。一个更好的例证是戏剧：这是若干艺术的综合，然而那样自成一个世界，不得一斧一斧劈开，看作若干艺术的一个综合的代名词。我这些话扯得或许远了些，但是我所要说的，其实只是凡乐希的一句老话，诗不能具有散文的可毁灭性。

这正是我读李广田先生的诗集——《行云集》的一个印象。这是一部可以变成杰作的好诗，惜乎大半沾有过多的散文气息。说低些，有些属于修辞的范围，例如《窗》的第一节，拖了好些不必要的"的"字。然而我怕，不仅止于修辞，这更属于一种先天的条件，譬如说气质、性情。现在，让我来补足一句，如若一种特点形成一种特点，这要是不能增高诗的评价，至少可以增加读诗的兴趣。这就是说，我即使在诗里虽不见和自己绝对一致的诗人，我总有希望寻见和诗人自己一致的诗人。这也就是为什么我爱李广田先生的诗章，因为里面显露的气质那样切近我的灵魂。

李广田先生是山东人。我不晓得山东人的特性究竟如何，但是历来和朋友谈论，在二十二行省里面，都以为山东人属于最好的朋友，而最坏的——饶恕我的无知——许是福建人。但是福建人不必群起和我为难，因为凡事尽有例外，而山东人也尽有下流。肝胆相照、朴实无华、淳厚可爱都是最好的山东人的写照。而李广田先生诗章里面流露的，正是这种质朴的气质。这种得天独厚的气质，有些聪明人把这看作文章的致命伤，然而忘记这是文学不朽的地基。在这结实的地面上，诗人会种出"笑的种子"，《生风尼》和那样引起想象上喜悦的句子（其实是最不美的事实）：

更有东方的小脚妇

一只弓鞋像小桥，……

但是最浑厚有力也最能表白诗人的却是那首拙诗《地之子》：

> 但我的脚却永踏着土地，
> 我永嗅着人间的土的气息。

我没有时间篇幅来探讨这些诗章，而尤为抱憾的，是草草把《画廊集》一谈。有些好书帮人选择生活，有些好书帮人度过生活，有些书——那最高贵的，刚刚都有帮助。《画廊集》正是属于第二类的人生的伴侣。拿《行云集》和这里的散文比较，我们立即明白散文怎样羁绊诗，而诗怎样助长散文。话虽这样说，我们却不能过分刻板，因为活在这些散文里的，与其看作诗人的想象，不如说像一个常人的追忆、忧郁和同情。作者告诉我们："说起'故乡'两字，就自然地想起许多很可怀念的事物来。我的最美的梦，也就是我的幼年的故乡之梦了。"所以无论叙的是他自己，"无论是那些吸着长烟管的长者或踢毽子打球的孩子们"，无论是渺小的生物，带着一种惜恋的心境，婉转的笔致，他追寻着他"幼年的故乡之梦"，而这些梦，正是"一件极可惋惜的事实"。

所有李广田先生解释介绍英人玛尔廷的《道旁的智慧》的话，几乎全盘可以移来，成为《画廊集》的注脚。我们不妨随手引取一段："在玛尔廷的书里找不出什么热闹来，也没有什么奇迹，叫作'道旁的智慧'者，只是些平常人的平常的事物（然而又何尝不是奇迹呢，对于那些不平常的人）。似乎是从尘埃的道上，随手掇拾了来，也许是一朵野花，也许是一片草叶，也许只是从漂泊者的行囊上落下来的一粒细砂。然而我爱这些。这些都是和我很亲近的。在他的书里，没有什么戏剧的气氛，却只使人意味到淳朴的人生，他的文章也没有什么雕琢的辞藻，却有着素朴的诗的静美。"

这正是他和何其芳先生不同的地方，素朴和煊丽。何其芳先生要的是颜色，凸凹、深致、隽美，然而有一点，李广田先生却更能抓住读者的心弦：亲切之感。单就李广田先生的诗文来看，有一个特殊的现象，就是他对于秋的敏感。我们晓得,情人和春天很近,而一个寂寞的诗人,却更其体味秋黄。但是作者不仅止于这种浅肤的诗意。他把秋天看作向"生"的路,我们读他的《秋天》便可以知道,正如雪莱的《西风歌》。

冬天来了,春天还会远吗?

(载《大公报》1936年8月2日)

芦焚的《谷》

李影心

世上总有成千成万的作家,然杰出者则只占其中的极少数,又每年在分量颇重的写作牧场上,真纯的创作往往仅有一个微末的数目。我们奇怪,创作是那样同大多数作者绝缘,在一种普遍的现象下,写作乃成为一致的单调与平易,它缺乏那属于艺术描写应有的曲折、繁复。简捷地说,一般作者都忽视了处理艺术材料之必需的要件,那足可代表作者整个性格的艺术表现。大多数作品概皆是沿着传统的因习，陈腐因循，松懈无力，丧失了创作品所原应具有的生动与机能。

我们认为，一切较高的艺术类皆是创造的。它甩不掉传统，然而不妨事，传统仅仅造成一件合用的工具，一种初步的培植；且即在传统的阶梯上，我们仍能发现在被安排布置时所感受的若干全新的气象，为向所仅见的。由于在作者，有一种强烈的素质，坚凝醇浓，为若干外来的气质所不能影响的，且其素质是那样深醇，极具浓重的感染性。然抛开传统，一件杰出艺术制作之所以能够立足，倒不在于一切外来的助力，或先人遗传的借用学习，乃是在于作品自身便有着那可资珍贵的地方，其光芒不致随便可以掩灭。

成为一篇创作之主潮，或支配作品内含的、主要的、有作者之内在性格作为根据。事实上，一位作者正为其作品之最高的主宰。而从艺术品上着眼，由于其内中恰正包孕作者全部精神作用在内，所以杰出作品的完成常会是作者人格之整个的显现。两者的关联是这样微妙，显然，作者对其作品有着极重的责任。再没有比艺术上的本质最为单纯或最为繁杂的了。总之，一位作者必须经过所有的预备阶段，按部就班，且不吝啬一切应该花费的时间与精力，方可希望在作品中寻求一贯与完美。他容有偏颇乃至理智或感情间相互消长，然他不能避免创作过程中间的任一步骤。作者有他自身的态度，对任何人事亦有其独特的见解。无论出于现实生活的观察认识，或依据先天禀赋的决定，杰出作者之态度见解总能代表一种特殊的看法。且正因为杰出，我们方能见到属于创作之从内到外的一致新奇。

基于一种特出的观点，作者有的是可以从人生这一复杂有机体中征引的材料，且亦由于态度的不尽相同，在对题材的处理运用上，先天禀赋的依循，常会形成绝大的差异。然最高的造诣，既不在观察亦不在选择，而在支配作品内质与作者性情一致融洽的技巧。我们是说，风格。对于一位作者，题材的经久采用有时会觉得枯窘，惯常的描写手法有时会感到无力，而风格的创造，正因为它是属于特定的，却非特定不感觉烦厌，反而永恒的新颖。那原因在经杰出者的全力创造,那份特殊的气质糅入了新的生命与机能,我们甚至可说,作者带来新奇的天地、光华、灿烂,且可永垂不朽。

倘若清新显示着生机,超卓为永远可以赞美的努力,我们愿说,青年作家芦焚先生在他那一份境界,已然和那新奇的天地只有不远的距离。从最近出版的作者第一个结集《谷》中,便可见出若干全新的气象,透露出无限的生命火焰;作者有他那份不太隐晦的特出风格,光耀刺目,亦有他那点语言的爽利明朗处,清醒刺动。一切对我们都极生涩,却和我们那样亲切,似极稔熟。作者似乎把握住了语言的本能部分,使适宜的故事情节支配妥当,全然建起新奇的组合,且创造了真挚确切的人型,在若干事态中扮演出数个个性的角色。总括来看,《谷》中每篇都展开一个新奇的事态,亦具有得当的穿插,且结构是那样紧凑,一切都在合理自然中,发展得绝不夸张和松散。在这里,我们可以看出作者是在用一种忠恳的努力,使其作品人事间具体的呈现深刻,凸出为浮面描写及平铺直叙外所极稀少罕见的建树。

然完美艺术效果企求之最大的着眼处不在细微枝节，而当探视艺术作者所欲追寻的万象毕呈的一致谐和。前面已经说过，《谷》的作者有一种特出的风格，使创作永远保持着清新的生机，现在我们愿说，亦是那特出的风格，支配了通篇创作色调的一贯。看作者展开了题材，鲜明生动，不落凡俗，且看作者进行了事件，曲折宛转，仍能丝毫不紊，各有其可写的来源与去脉，文章起伏，一丝不苟，又且停顿结尾，有奇突有稳重，概皆沿着合理的顺序，虽说故事终结，尚有余响。这一切，都除非是杰出者所不能为的，芦焚先生概皆在泼辣然却矜持的笔致下，爽然打发了去，不笨重亦不吃力。显然，一切锐利新鲜原素的滋长与挥发，都显示出作者内在精神之本旨，且正因作者性格与作品内质相结合，一切风格的杰出方有其基本的奠定可资依赖。

然《谷》中不仅全然可在事实的完美下沟通，它仍留有若干微疵及小小疏忽和缺欠。无论是《头》《谷》或《人下人》，作者是在展开大幅画时并未曾细心地顾及为好花做陪衬的枝叶。《谷》中主题强调的好处，将中心事件扩大，然有极多的遗漏，使枝节的旁衬永不能如主干那样坚壮丰腴。作者常常会终造成视线集中的主要原因与解释详为忽略，如简短极似速写的《雨落篇》。但亦因为是速写，主题强调化的结果有无会造成一种谑画，如《日间》。其相互的得失，由于系在颇为强烈的反照下，极为清晰分明。通常，缺欠常为通篇完整的病症陪衬。在此，我们唯愿作者在适当的处置下，能知有所取舍。无论如何，作者在通常单调的看法之外，尚不避艰辛，觅求艺术之永恒的新奇，极为值得推崇。且一种清新风格完美谐和的效果的建立，由于作者在近乎一致的努力追寻下，更特别属于可期望的。

（载《大公报》1936年8月2日）

朱光潜的《孟实文钞》

常 风

朱先生这本新刊的集子一共收了15篇文章,除了三两篇是作者在国外留学期间的作品,大都是近3年中零星发表的。朱先生在序中讲得明白:这些文章代表他10年以来的兴趣偏向和他自己所具的与时流相异的趣味。朱先生是国内闻名的批评学者,他本来学心理学,后来半路出家研究文学,由文学名著转到文学理论和美学,他所研究的特别对象是诗。朱先生所走的路似乎是中国一般研究文学者所轻视的（本书序），所以在这本集子里有几篇文字，特别讲到这点。

这 15 篇文字，我们为了方便起见，可以把它们粗略地归为三类。第一类即是讲述研究文学问题的，有《我与文学》《谈学文艺的甘苦》《谈趣味》和《谈读诗与趣味的培养》，还有那封给《天地人》编辑者的公开信《论小品文》也应该归入这类。这几篇文章最值我们称道的是朱先生研究文学的"严肃的态度"。中国文学中最大的缺陷就是这种态度。我们不曾将人生看待得严肃，我们也不曾严肃地看待文学。从新文学开始似乎有了点改变。我们提倡人的文学，体验人生……然而在文学上，除了极少数，多数作者还是抱着玩票的态度。新文学运动开始迄今将近 20 年的历史，难能有几部有价值的作品未尝不是这个道理。所谓严肃不是板了面孔说教，而是要将我们传统文士所具的"潇洒"以及因感于"浮生若梦"的那种风流佚荡的气质加以约束与纠正，我们盼望的是产生一种雄浑坚实的文学。这几篇平易而切实的文字对于每个从事于文学的人或拟从事于文学的人皆极有益。而《论小品文》一篇，在今日触目皆幽默的世界中尤令人有空谷足音之感。

　　几篇论及中国诗及中国艺术的文字我们可以归之于第二类。这类一共有四篇文字：《诗的隐与显》《诗的主观与客观》《从生理学观点谈诗的气势与神韵》《从距离说辩护中国艺术》。《诗的隐与显》是讨论王静安先生论境界之"隔"与"不隔"的。半年来我们文坛上争论诗的"隐"与"显"，现在看看两三年前朱先生讨论这问题的文字更有意思。王静安先生的《人间词话》是中国近代唯一有创见的文学批评作品。他说境界有"隔"与"不隔"。论姜白石词谓："格韵虽高，然如雾里看花，终隔一层。"这是隔。"语语都在目前，便是不隔。"王先生主张诗词应该是"不隔"的。朱先生虽然称道王先生的这种分别为前人所未道破，但是他觉得王先生的解释不大妥当，"因为诗原来有'显'和'隐'的分别，王先生的话太偏重'显'了。'显'与'隐'的功用不同，我们不能要一切诗都'显'"。

朱先生关于这点举了许多例子，解释得极详细。有许多而且许多好诗是浅显的，但是不能因之说诗须不"隐"，"隐"即无好诗。下面引的一段文字是宣统二年刊的《散摩精舍诗》郑孝胥氏序。文中的：

> 往有钜公（按：此谓张之洞）与余读诗，务以清切为主，当世诗流，每有"张茂先我所不解"之感。其说甚正。然余窃诗之为道殆有未能以清切限之者，世事万变纷扰于外；心绪百态，腾沸于内。宫商不调而不能已于声，吐属不巧而不能已于辞。若吾固知其有垂于清也。思之来也无端，则断如复断，乱如复乱者，思能使之尽合。兴之发也匪定，则倏忽无见，喻悦无闻者，恶能责以有说。若是者，吾固知其不期于切也。

这段文字讲得极透彻，极明白。若将"清切"换作"显"则更巧了。可惜在今日还有不少的"某公"。朱先生论诗本来有"显"与"隐"的分别是对的，不过以此来解释"隔"与"不隔"则完全是"表现"的（也就是传统的）问题。本质是"隐"的诗，大作家能写得"不隔"；反之，一首本质极"显"的诗令一名诗人写来也许要很"隔"了。朱先生在本文中纠正王先生"有我之境"与"无我之境"一点十分精恰。在这类文章中，《从生理学观点谈诗的气势与神韵》和《从距离说辩护中国艺术》极值得注意。朱先生从最新的西洋文学批评理论里给我们文学批评中所习用的神秘、难以捉摸的用语找到合理的解释与理论的根据。

除了上面所说的一类中的四篇文字，第二类中的四篇文字，其余的七篇文字我们归之于第三类。这类文字多是讲西方文学的。不过这种区分实在有点牵强。比方说，《诗的主观与客观》是泛论诗的，并不仅限于外国诗，不过为篇幅所限只好勉强这样划分了。《悲剧与人生的距离》与《从距离说辩护中国艺术》有互相发明之处。《柏拉图的诗人罪状》足以扫荡许多一知半解拾人牙慧的对于柏氏的误解。"文艺"与"人生"的关系似乎永远是一个哑谜。这问题在现代更值得重新拿来讨论。那么这位古希腊哲人对于这问题的意见更值得我们注意了。小泉八云和安诺德两人以前均经介绍过。朱先生在《小泉八云》一文中很亲切地指示给读者这人的长处与短处。安诺德不幸得很,最初他被学术杂志社中诸先生当全国初风行白话时介绍进来,蒙了许多不白之冤,挨了许多他不应挨的骂,于是这位英国19世纪文化史上的巨人竟被中国人骂倒了。现在时过境迁,国人的情感的泛滥应该有点遏制了,我们希望他们能平心静气用理智从朱先生这篇文字里重新认识这位巨人。

最后,我们要谈一谈《近代美学与文学批评》。这是全书中篇幅最长而又最有系统的一篇重要文章,近代美学对于文学批评的影响极大,朱先生又是精究克罗齐学说的,所以在这篇文字中朱先生不仅扼要地叙述了克氏的学说,而且很精审地指出他的缺点,如忽视传达,因而也无所谓批评中的"价值问题"。克氏的学说过分的"唯心",所以他只执住一个"直觉",就不顾其他了。

这集子是朱先生写得较通俗的文字,他还有一本专门的著作《文艺心理学》,我们期望它早日出版,介绍于读者。

(载《大公报》1936 年 8 月 2 日)

毕奂午的《掘金记》

李影心

《掘金记》出版,终于替我们证实新诗在近来专门制作灵魂意象之氛围外,仍有平坦广大的路可走;且同样指明,即在现代,诗歌依然沿着往昔两大资源相并发展,无稍改易。回溯远古,我们诗歌系在两种相反实则相向的流源上奠基,悲壮或深邃,一起一伏,相互交替,乃至兼并突进,达于同一的归趋。历史上这种相对的例子极多,如《诗经》《楚辞》,乃至李白、杜甫的诗,各自具有其生命之伟大与永久,然我们要问的乃是,除去生活气质而外,伟大诗人之所以会归于民族大流两极之任一端,多少容有一点地理环境的成分。我们毋宁说,燕赵多慷慨悲歌之士,且熟习俏丽旖旎该为大江以南人们的通性。然无论粗壮或细致,写生活的真实或写想象(我们通常管它叫唯美),伟大的诗篇都有深淳的致力潜藏,且其造诣常会是相等一致的,由于伟大作者可企求概皆为人生或宇宙之真纯的谐和,这两个倾向表面似极冲突,实际则为达到同一标的之两条分歧的途径,对立,并行,又相结合。二者都有其极为重要的征示,且分量地位全然相等,我们无法抹杀任一个的存在。

现代诗歌无论怎样独出心裁,标新立异,都极难摆脱掉这两个自古相沿的牵连。不管我们新诗人怎样在辞藻、境界,乃至感觉意象的追寻下尽力,全然甩掉传统,但至少现在,我们人类贫乏的禀赋,尚难在雄浑或细腻气派之外重新创造一个足资代表整个民族德性的新奇标志。现在我们还未曾见到有人在这样做,且将来恐怕永无人有这样的勇气和决心。看看现在风行那种风格极为清切新颖的诗，那份轻淡缥缈的调子与境界，不过为往昔精致妩媚诗作之一种变相承袭，且想象之深邃尚全然不曾超越过去。今日被目为全新的诗，从写渺微的意象到浮掠一点点都市的光影，形体和内质全然那么轻，我们不能从这里体味若干淳浓的情绪，现今在较卓出的诗尚留有一点言近而旨远的味儿，然却仅是一点点，缺乏那种整个浑然一致的效果与机能。这里，我们想起成为诗坛另一主潮的气魄雄壮的诗。由于一种风气或偏持，诗人概皆拥向于轻描淡写的那一方（自然这中间仍有作者气质生活诸方面客观条件的形成不容疏忽），成为一致惊奇的，便是悲壮气势诗在现今相当的少，我们缺乏那种气魄浓郁的好诗。两年前诗坛出现了臧克家，我们极感悦快；现在，《掘金记》的作者又重新燃起我们对气魄浓郁好诗的期望。这是光辉灿烂前程的展开。博大雄健与绵密蕴藉同为新诗开拓的广大天地，诗人尽可依据自己禀赋环境，跋涉在一适合自己脚步的路程，然考察一下历史，且轻轻着眼到身处的环境，我们这东方古老民族到底较适合于扩展那一份悲壮的气派。

我们不大清楚毕奂午先生在《掘金记》外是否另有诗作，不过，在读《掘金记》那一首诗时，便可见出这位新进诗人奇拔的气魄，恰是歌唱了诗人自己进展前程的序曲。我们不愿过分夸耀这位青年的伟大、天才（这是一个可以多么毁人的字眼），且期望应该建立于按部就班的刻苦与努力，我们仅欲指明，诗人对生活的态度已然能为自我之珍贵的预许：

> 用我们的大力编制着
> 永不凋零的花环：
> 如为人类的前额，
> 置备真理的王冠。（感谢）

这样对生活之认真恳挚，亦同为诗人对艺术态度之好的注脚。我们理会，诗人所以会趋重于雄健，一半由于气质，另一半由于生活。他亦写草木、田园、春城与秋花,且具有通人的悲伤与惆怅,然即是歌唱"牧羊人",亦理会到"可怜的岁月如此凋零",说"村姑",更意念及"粗糙的黑手",以为可以"濯洗古老的宇宙"。什么会使诗人拨动了"琴弦之凄迷"?我们听"秋歌"如一阵"催征的喇叭",它长吁:

> 赤臂的苦力,肉搏
> 西风、落叶、黄花。

现在,我们明白,诗人所追踪的,不在"几瓣残红"!却在寻取"生命之宝泉""光源"。我们重新回到前面所提及的《掘金记》,这诗在这小集子中为相当完善的。首先,我们便发现这诗有个浑圆的气魄,相当一贯,读来宛如万马奔腾,波浪滚沸,然却夹杂不少细碎石块及淤积泥沙,尚须经过一番清澄筛滤,方能达到更优异的迅速、流畅。我们是说诗人在辞藻及音节上,尚欠纯凝锻炼,因而这诗音韵铿锵,文字机警,终于仍非完整的。(诗开首数行有这样一句:"但,个个的躯体内已装了相似的灵魂。"我们疑惑，最末"灵魂"两字应倒置，方与上二句尾字坏、城相衬合）然最成问题的，倒是下列四行：

> 会把那衰老令人作呕的寡妇
> 打扮得如春天一样年轻！
> 不过更懂得黄金的价格的
> 不属那县城内诸兑换银钱之店所。

意思不相连属，且全无音节，最足成为通体之羁绊的。这该有个一致的情绪和单一事件，仍能感人，且人事的可虑，往往会留有悲苦的印痕，如我们读《村庄》一诗同样。诗里写无数饥饿的人群，在掘金时呈现同一悲惨的面孔，与夫各色样的希望火焰，雍然展陈，我们要问的是：这是不是一幅巨大的"流民图"？诗人有一个浮面的冷观，却在故事结尾无言地刻雕出生之惨苦，我们不免感慨同悲，仍期在抑制中追溯一点事件之根源与滋长。这里，我们发现了生之环境与旋律，为错综的震颤，亦为谐和。

然较之《掘金记》，我们更爱诗人的《火烧的城》。这是最近发表的一首诗。诗人的功力在此也无懈可击，除去第二节之缺乏变动的音律之外，全篇感情是那样一致和谐，我们读这首诗，犹如追随作者，步入动乱的惨酷境界，对内中残苛安排感同身受，麻痹甚至肌肉无时不在战颤；这是那种境遇，"敌人已经占据了我们的城"，四野全然响有"凄厉的号哭之声"。想想我们这在颠覆的民族，及属于这民族的生存者，会随时有宛如恶梦之类的事件袭来，这担心，愈是对处境感到密切，便愈将会觉到《火烧的城》中所写情景的深切。我们敢说，《火烧的城》达到了真实恰切的艺术效果，启发了真理，亦陈述且暗示了现实。这是一种最大的进展，不容忽视的。

在此，结束本文，愿掘取诗人宏伟的珠玉，永远光灿耀目的两行，为在现社会生存者之座右铭的警示，且亦说明我们在沉痛中的获得。

欢乐的甜蜜,吻的温柔谁不期待。

但那带着枷锁的苦痛的手指

将推你醒来……

（载《大公报》1936年8月30日）

邓以蛰的《西班牙游记》

沈从文

一般人写欧洲游记时,很容易把它写成一本极蹩脚的"旅行指南"。有旅行指南的毛病,没有旅行指南的详尽,因为多半说的只是自己足迹所经过的种种,走过身时一切只是走马观花,这里有什么那里有什么,那些材料的来源,却当然还是从旅行指南得来的。虽间或还记下一点点生活经验,记的也是有形的、浮面的,读完它时我们若想一想,所得印象自然不免如此:这只是在旅行时写点游记。他或者在旅行时只读旅行指南，抄旅行指南，或者此外也根据旅行指南看了一些异味风土人情、古迹名画，可是都不相干。旅行对于他无影响、少意义，那是很明白的。他虽枉费了一笔金钱（说不定这金钱还是国家的），却不能启发他的性灵或感情。回国后，虽写了一本游记，其实不写它，反而省事。

好游记不是没有。邓先生这本薄薄的《西班牙游记》，就是一本写得有意义的书。篇幅不大，所记的又零零碎碎，但无碍于它是一本有意思的书。1924 年本刊开始刊载这些游记文章时（题作《癸酉行笥杂记》），人人都说这文章怪。不特所记的和一般旅行游记不同，便是用来记事抒情的文字，也完全和一般人的文字不同。易言之，就是这游记怪得有意思。所记的差不多全是作者个人的感觉和认识。从小处着眼，如记西班牙之建筑雕刻，扼要而又说得当行。记游文章说的与人"不同"还容易，难的是比别人深刻而中肯。这本游记的好处，就正是笔下深刻而中肯。尤其是贯注简章中有一种流动而又声色交错的美丽，且情趣洋溢，是小诗、是画。

"作者若不是个哲学家，也一定是个美术家。"这是一般读过这游记的读者必然的估计。这估计一点不错。作者对一切都有他度越流俗的看法，譬如说，凡到过巴黎的中国人，总忘不掉那座大铁塔，塔上有些什么玩意儿，也说得津津有味。他却把那东西看作丑恶的代表，以为越放大越显得丑陋、可笑，高耸入云，正合给汽车公司作广告用！你说他不懂巴黎吗？正相反，不特那个死的巴黎，建筑、雕刻或绘画，他都充满了兴味。便是那个活鲜鲜的巴黎，说来他也并不比"老巴黎"懂得更少！初到巴黎他也许不免目迷五色，有点不知所措——至少是见到巴黎那些美丽时髦女人的鼻子、眼睛、眉毛、头发、身段时，这远自东方来的美术家，不免有点惊讶，永远惊讶。然而当他说出法国人的好坏时，你就知道法国人在他手上的轻重分量了。如本书记咖啡馆那一段：

> 说到咖啡馆，我从前在国内所得的观念，说是

可以会朋友谈心,可以男女诉说幽情,可以读书看报,可以写信,好像是非常雅静的所在。……灯光暗暗的,房间小小的,座位下软软的,无事不宜的一类。谁知大谬不然,为是一种钻头无缝,人挤满了一堂,好叫你赏识赏识社会生活的伟大!真的,一进到咖啡馆乃觉到人的晶核点不是"自我",是人与人偎贴的"人性"。尽管不相识,不相交谈,断不了此性的交流。相识交谈已不是友道的要素,友道不在人群的划分,而在人性之归纳。法国人的性格能总摄而不损其周到,能放浪也不伤其细致。好处是:不讲友道而人情自通,不讲风格而步调适宜,不知吟风弄月而情腻无微不入。坏处是:不着边际,虚伪,残酷,好利。中国人忸怩的耻辱之心恐怕他们也没有。这样庞杂汗漫约咖啡馆的生活,所以只有法国才能够有。

试想想,一个忘不了向中国读者夸说他上铁塔的老巴黎,能不能够写得出这种文字?

本书侧重在西班牙记游,所以如《希尔哥斯》一章记西班牙女子和舞蹈,《瓦兰洽赶热闹》一章记当地人在节日的狂欢状况,《斗牛》一章记西班牙斗牛之盛况,写出这个民族的性格和风光,美丽动人,可以说是游记中的珠玉。关心这国家近日内战的,读过这几段短短游记,就会明白当前这个民族热烈流血的悲剧,原可说是这个民族性格所促成的。热情,这个民族的本质,排遣它,用在平时是歌舞和娱乐,乱世却命定只有流血。

本书似乎也有一个缺点,为大多数好书无可奈何的缺点,就是它篇幅太小了,读来不大过瘾。一个读者若为这本书所吸引,神往于斗牛场的斗牛和 Bvrzos 至 Tclebo 两地方古典风格的窗下唱歌等事,尤其会把这书篇幅太小,认为是一个缺点。掩上书时他会带上埋怨口气说,你既然带我到这个国家来,你就得多有一分耐心,把凡是你认为值得走的、值得见识的全走到看到,才是道理。大部分全逛到见到了,再结束也不迟!

我希望作者能有这种兴致,该如本书题记所说,再给我们一部大书。因为这个美丽国家目前已变成一个国际大球场,各处都有各种飞机投下各种炸弹在不断地轰炸和残杀,国内那几个在世界上以保存丰富管理完善而有名的博物馆和一些大小建筑,目前业已毁去不少,那点残余将来也难免被毁去。作者旅行西班牙既久,如能用文字使它再生,实在是件极有意义的工作。

(载《大公报》1937年2月26日)

李广田的《银狐集》

陈 蓝

李广田先生,拿着一支色素淡雅的笔,绘着一些淡泊的生活。宛如在一座菜园子里,寻不出一朵红色的花,在这本书里,你寻不出强烈的官能刺激。欣赏这书,得走进产生这作品的环境中,才能如实地捉摸到那特质,不然,便会将宝石当成瓦片,芳草认做蒿艾,分辨不出朱与紫的颜色。在这本书中,作者创造的川流,都是被种种的地方色彩鲜明地染过了的。作者思想的纬和地方智性的经，织成了篇篇文锦。李广田先生，是个避去了都市繁华活动而心灵永居乡村的画家。但他画的不只是乡野的浅塘土坡果木园子里丰盛的物产。主要的还是他紧紧抓住了乡村的灵魂，乡下人那份朴素性情。

原因是他不对眼前一些景象有过分惊异，因此，对乡村生活，并不像英国田园诗人，赋予新奇的魅力，他只图描绘原形，在这里面，花儿、草儿、麦穗、树枝等极微细之处，有极见工力匠心的描写。如果说《画廊集》是作者智慧的凝聚，《银狐集》则是作者辛勤的胜利。

《银狐集》中篇篇文章，处处染着"自我"的色彩。这在增进文章的亲切上有力量，然而作者却因此永做不成一个冷淡的旁观人。一个冷淡的旁观人，原是不容易做的，福楼拜有一颗墓石般冰冷的心，左拉有一双枭鸟一样的眼睛，专在黑暗的角落寻东西。但李广田先生，是一个热心肠的人，他永远不能袖手站在大树阴凉下，漠然看着那滚滚车尘、幢幢人影，毫不动心。他爱着、怜着、同情着一切。这三种情绪，打破了他个性的寂寞，使他与外界间，保持了一种温和。文章都着了暖性颜色。

有一个永远得服膺的说法：世界任何两物当中，在空间上，都有着隔障，——自然的崖岩，或是人工的地垣，于人心和人心相通，和草木鸟兽的灵魂携手，便成为很艰难的事。能够摧毁这屏障，使人我、物我之间，都了无隔阂，别人的心上的花样，都瞒不住自己，别人的灵魂感受，自己也能感到的，只有多情而好奇的作家。（多情，指的是他能体恤哀怜时的忧苦，急人之急，苦人之苦。）李广田先生手足矫健有力地将那墙推倒，不留一砖一瓦于屏障中间。之后，他又像夜半一个暴徒似的，乘着墙倒了的便利，闯入了人家的堂奥，搜寻着悭吝如守财奴的主人一向秘不示人的宝物——物质生活内部，以及精神生活内部的蕴藏。以后呢，才将这冒险的获得，摆列出来，出售给顾客，并殷勤地指点着说明那物件的品类。他这行为的一个目的，是给各私人"泄底"。叫观者，因那秘藏的物件，知道它们主人的爱憎、性情，以及生活的内容。

有个得纠正的说法，有人说："李广田先生从过去自己的生活中吸收水分。在这巨浪滔天的社会现实大海里，不能不感觉到是贫弱的创造古井。"说这话的人，显然是没有彻底明了作者的，他哪里知道，作者是在忠实地渴望着一个比描绘现实更大的责任呢。在作者的艺术感觉里，是无涯的天空。他在为人类的烦忧、灾难，焦思苦虑着。《银狐集》是这说法的一个绝好的佐证。在《银狐集》里，他表现的观念是：人类应是为幸福而被创造，被赋予纯洁的青春之美而出生。然而结果却是：幸福、青春都被损害了，每个人都焦头烂额，在人生的山坡上踟蹰。原因是：有妨碍个人自由的事物在，那是自然、社会、无知和蒙昧，以及灭亡人类个性的文明。这种种事物，使人们扮演着道德的悲剧（为黑暗的浪潮淹没），理性的悲剧（滚进无知的崖谷），生的悲剧（叫死亡收拾生命的光辉）。

广泛的世界乃至社会问题，是李广田先生溪流一样清亮的精神所包容的，他注意着社会的蔓藤，关心着人类的苦难，由这两方面勾引起来的烦忧，像苔藓一般地在他的作品内斑斑地生长着。他恰像是欲搬起沉重的大石,反为它的沉重所压伤,那压伤了的痕迹,像一横红线似的,很鲜明地贯穿着他的生活。实在的,他的心是触着了广泛的人生,不是一个偏狭的小气的画家。

(载《大公报》1937年5月28日)

艾芜的《南行记》《夜景》

黄 照

在历史上,除歌功颂德、唱和酬答、自命风雅那种风气之外,把文学还稍微看得更为严肃一点的,似乎只有白居易一个傻瓜,只有他才去写《卖炭翁》《折臂翁》这一流难登大雅之堂的诗。在政治经济的组织建筑在封建主义社会下的时代,要被牢笼了几千百年剪了翅膀的文艺女神从宫廷里飞出去,要体力精神半迂腐的士大夫们把眼睛、耳朵倾注到下层阶级是不可能的,这是一个最大的历史原因。

自从政治经济的组织过渡到资本主义社会，由于工商业和交通过度猛烈发展的结果，一切有了小小改变，文学才从士大夫手心里挣扎出来，跳进一个陌生的大海里游泳，这所以产生"五四"，产生白话文运动，产生鲁迅和他的时代，这是文化上的一种丰收。我相信在许多国文教师中间，仍有极少数人自命儒雅，唱和酬答，把这看作文学的全面，像生在黑暗潮湿的从来晒不着太阳的角隅里的一棵可怜的幼芽一般孤高自赏！但是在作家中间绝对不许可发生这等现象了。

我对于以商业文化，——谁知道是真是假——发达的都市作为背景的小说，不知为什么缘故，总觉得有点儿腻，例如《子夜》照作品艺术和幅域说，的确够得上称为精心伟大的制作，但是收入这镜头里的上层社会和社会金融内幕，好像太复杂机要了，需要专门的社会经济学知识和科学头脑去分析理解，又如《雷雨》《日出》，这俩都是轰动社会的剧本，我却不大喜欢《日出》的背景；但有时也有例外的情形，如《茶花女》，我先前也有点厌倦它的背景,后来我的注意力突然被那明显的和茶花女对立的社会道德问题抓住了,茶花女是那么勇敢地争取她的自由和反抗她的社会。还有拿小都市、留学生、大学环境、革命工作作为小说背景的,我也有点儿腻。过去蒋光慈、周全平等人的小说不消说了!即如《都市一妇人》《八骏图》《爱情三部曲》,虽各具深湛的内容与圆熟的技巧,对人生某部分下揶揄,发掘宇宙间心灵上及社会生活隐潜着的悲剧元素,我读起来也有点隔离,但《虫蚀》《青的花》反而属例外。我好像总感觉到哪里有点遗佚,好像不是作品疏忽了我身上某部分,定是我疏忽了作品某部分,却又指不出那点罅隙的所在,为什么我这样不安于周遭的现状,仿佛身上有点什么东西暗自滋长,要把自己像一匹脱缰的野马一般尽量地拖到一个缥缈的方向去,我不明白!对于拿工厂农村为背景的小说,也没有得到十分好的印象,这些作品我读过的也不少,能够记得清的却只一本《白旗手》。张天翼和老舍先生的作品,是有力地讽刺着社会黑暗面,他们的不同只是程度上的差别,有时也都嫌太过火，令人回忆起来，几乎个个一张开嘴不是"啪"的一口痰便是唾沫星子直喷。记得日本一个作家有句话道："描写需要否定的存在的真实，与冷嘲现实的人生有别。"这话很有几分深义。

一切的社会现象都含有政治的经济的意味，政治、经济，这20年来像集中在中国中部几省和长江流域发展，于是文人也以出在这些地带为多，位置在边疆省份如蒙古、新疆、青海、宁夏——恕我又提这伤心的名字，绥、云、贵等省，虽然不是绝对没有，实在占很少数。可是文学这东西，倒常像那种下贱的树木和血管里流着非常勇敢刚强的种族的血液的孩子一样，必须站在荒凉旷野之中吸着冷飕飕的大气才兴奋健壮。政治、经济的原因不是永久性的。政治、经济本身也不是永久性的。群众生活和政治、经济是互为因果的。历史不断地产生，一个野蛮民族的血，侵进一个衰老的民族里，一定产生一个新的更有力的民族。这原则在文学上也能成立。我觉得沈从文、吴组缃、蹇先艾、芦焚、艾芜、萧军这几个人大部分带有浓厚地方色彩的作品，为文学开辟了一片新天地，这片天地同都市里的人十分生疏，然而却使他们畅快地呼吸到一种异常新鲜活泼的空气，这几个人之出现于文坛，在他们个人即或没有惊人的成就，无疑地将给予囹圄在都市的文学以很大的刺激和影响，至于给读者们身心的补益那是不消说了。

　　由一个生下地来不久就失了凭据被广大冷酷的生活斗争吞灭了的人到成为作家的一条路是难能可贵的，挣扎喘息于充斥了懵懂、昏愦、野蛮、愚蠢、矛盾和自私的社会这本身便是一种写作经验，这些教给人怎样冷静、客观、反省和分析。这就是为什么出自高尔基笔尖下的伏尔加、草原、面包师，特别来得粗犷、生动、真切。高尔基在文学上最大最不易企及的成就就在他把一种他所过目的不论社会的自然的形象搬到了纸上重现，在重现过程中把握住原物的气色，一般政治趣味浓厚的人却往往忽略了高尔基这真正成功点。在中国，艾芜先生在生活上与高尔基很有几分吻合，我羡慕他的运气——如果运气可以相信的话，把他安排到那么多奇形怪状的经历里去，完成属于一种文学的使命。

艾芜在滇边、缅甸、仰光、马来半岛等地逗留了很长的时间。他当过茶役、小工、店伙，也在街上打过流，荡来荡去，冷过，饿过。仿佛他一直坚忍地微笑生活着，让复杂万端的人事折磨与微粒山光水色的陶冶在他如胶片似的敏锐的感受性上刻下微妙的痕迹，养成年事虽小却窥透永恒的智慧和欢悦、抑郁、爱憎、怨仇无所不容的怀抱。这些痕迹很生动详备地保留于《南行记》里。

《南行记》便是由优美的散文写下来的作者阅历的人生经纬与自然脉搏跳动的再现。这里的环境背景真是五光十色妍媸杂陈啊！一下把你放在汉人群里，一下把你带到扫夷队里，一会儿在江干，一会儿在山里，战栗怖人的夜，爽朗悦人的早晨，有活跃的人生剖面，也有愁闷难当的氛围……作者全用第一人称法，读起来更觉亲切无间。《人生哲学的一课》《山峡中》《在茅草地》，表现着强调的原始的力，同样地弹着一种沉闷然而是不屈的调子，"这并不使我丧失了毅力""这样的世界，无论如何，须要弄来翻个身了""这个社会不容我立足的时候,我也要钢铁一般顽强地生存"。这是出自一个生活在急湍里的人的呼喊,仿佛我们前面总有个新鲜的太阳快出来了。什么恶势力也难我们不倒,"因此,这山里的峰峦、溪涧,林里漏出的蓝色天光,叶上颤着的金色朝阳,自然就在我的心上组织成怡悦的诗意了"。这就是艾芜先生哲学的完成。然而就艺术效率说,我最洽意的是配备在《山峡中》《我诅咒你那么一笑》的人事和景色,这俩故事都像江河之入海,那么随遇而安也那么无法挪移,正好投中人类最易受伤那一点,尤其是《山峡中》充满了狂暴的风和一条江水的游荡声,再掺合着:

  江水呵,

  慢慢流,

  流呀流……

  由野猫子那种女人喉嘴里唱出的歌声,里面抑扬着一种粗壮的韵律啊!《松岭上》《我们的友人》《洋官与鸡》，作者的情绪无疑地开始渐渐冷静凝结起来，露出冷眼观世的仪态，《我的爱人》偶或溢流出一丝热情，似乎也淡淡的了。

这些可宝贵的痕迹到《夜景》集取直落的形势降低了，只有很小一部分保留着，虽然这是不可勉强的事，虽然作者回国后滞游于苏、鲁等省依旧和生活斗争、依旧和社会磨擦、依旧冷静客观、依旧忠实于工作，我仍以为放弃那美丽的富吸引的异国情调的天然人事背景是很足惜的。在风格上，《夜景》集是小说的，不及《南行记》美，但是质朴、纯熟。作者在国内的感受显然不深，所以论深刻，《夜景》集又逊于《南行记》。也许国内政治、经济当前比任何角隅混乱无绪，民众生活普遍痛苦绝望，搬到画幅上就成为灰色的了，这是《夜景》集情调上的转变，《夜景》集就是这个转变的代表。《儿子归来的时候》略微露了快活的影子，似乎是民众生活所有的快活分子了。《变》《乡下人》都嫌故事太凑巧了点。在资本主义社会，和所谓文明都市寸步不离相依为命的黑暗监狱的存在是社会本身，一种消化分泌不良引起的癌症,其种因与患部都近乎残酷而无人道,这问题近代已引起社会注意,柏克曼《狱中记》暴露得很具体有力,在中国作家似乎成为目光簇聚的课题。

《夜景》集有五篇作品诊到这个癌症,但是艾芜先生所抓到的只是患部,而不是它的原因。也许像《乡下人》《饥饿》,监狱只是一种方便,主题乃是安置在水灾与饥荒上;不过果真如此的话,那是轻重倒置,主题可能发生的效力太小。《饥饿》里提到人饿到捉屋角的蜘蛛充饥的事,这实在骇人听闻,这同萧军先生的《羊》里写羊啃羊屎的事如出一辙,固然是一种深刻的写法,但这事成为事实的可能性到底有几分之几,很有研究余地。

(载《大公报》1937年6月20日)

《大公报》专栏之《书报简评》，
1936年1月17日

芦焚的《里门拾记》

杨 刚

有一时候,我忽然起意要知道梧桐。是为了它干直、叶圆、高高竖起,有一种俯瞰人世的傲气,抑或仅为了什么极实际的目的,却不清楚。总之翻了中西字典的结果,我发现一件事实:梧桐的的确确是中国的儿子,它没有一些洋味,连一个外国名字都没有。它有那种特殊的中国人气,和善的、自主的、轻快近人,却不侵犯人。逢秋风秋雨从它身旁掠过,它稀稀啦啦,发出似怨似笑,流露辛酸的鸣声；它易感，但它却能矜持。

我是不常读书的人。偶读一二作家的集子，就喜从一些动植物的性分中去窥探那执笔的诸位先生，每每得到很有趣味的结论。手下的这一位是从好些时候起，没多大因由就把他和梧桐并在一块了的。

这是位出过一册《谷》和一本《里门拾记》的人，还有一些他自己所谓的"鸡零狗碎"。正如我们这类乎是"有毒"的农村，破毁得只剩一些鸡零狗碎了，所以《里门拾记》是辛酸的、哭哭笑笑的，但也掩不了它字里面的和善——那使他在恶骂的时候并不现出刀笔，以及他自来自去无所依赖的笔锋，那初读来令人想到鲁迅，细究究，却以为鲁迅近乎工笔，芦焚则瀚云点染，取其神似而已。

12个短篇装成了这本集子，看书名，就知道作者心里有着他那"大野上的村落，和大野后面的荒烟"。在这寂寥的中原大野上，应该有的是礼义廉耻，子孙满堂；但实际上留下来的却只是那"绝子灭孙"的毒咒，那吃得肥胖的狗与牧师华盛顿，那隐在雾的和平里面由于半瓢米的缺乏，被和平的雾抛掷得鸡零狗碎了的活人！

这里面零散着苦酒的气息，传递出臭腌蛋、糟豆腐的滋味。喜欢它的人值得在嘴边备一盘干烧的、烟腾腾的红青椒，一碗凉水。这不是一种刺激，不是浮白的畅快，这是束在中国与生俱来的人生滋味，一般气雾，它在此时此地及3000年来的中国人中浮播、沁染，深入这一种人类的腠理，仿佛狐狸身上的体臭。狐狸为它的体味所迷惑，中国人，到今天为止的中国人，也不能不用着怕鬼的心理来尝它，而后在酒尽灯昏的时候，于梦里对它咬牙。

谁愿意在《雾的晨》里面做人呢？那里第一个等着你的是饿乏了的丧家狗的口腹。它是你的生命背景、你的命运。濛濛失向，人鬼不分的雾中间，有你将自己陈露在不知名的饥饿而饕天的嗜人肉者嘴前。你无所知地撞着，为寻觅填补胃囊的东西。你为了半瓢米，在雾中撞上了一棵树，以为将从那里得到你的饱足，忽然偶尔一滑，雾的奸笑的滑，你完了，掉进雾的嗜人的嘴里面，你变成了最适宜于你背景的陈置，一滩破碎血肉为狗所垂涎。这不算什么，以人而论，不过是"明明的肉摆在那里，……总有一天人要将人吃尽的"，悲惨的还是那同样被饥饿所驱逐，寻求饱足的丧家狗。它守候了许久，抱着莫大的冀望和欢悦，结果却什么都没有得到。倘若它是一条饱足的叭儿狗，一条肥硕的猎犬，它会至终得不到半根死人骨吗？并且狗自己还不知道在哪一天将被人吃掉的。穷狗与苦人似乎是同一生物，共一命运；这狗却不知道，还斤斤计较着"人真是蠢东西"，因为未曾将死者九七的骨头给它剩下一块！幽默在这里虽有着残忍的声调，它悲惨的质性是天赋的，赋予狗的无知和人的茫然，赋予一切已下网罗，尚蝇营狗苟，憷然算计其同难者的人们。

这里应该说是一篇意境的复写，情节、人物全笼在白茫的雾里面，而那团雾虽有温美的外形，却是欺骗的便于毁灭的祸害。

和《雾的晨》相反，在《巨人》里，我们逼真地见到了一位不可毁灭的人。他是一颗光明的燧石，武士样的刚强,永远年轻、发亮;但是这样一个人在人世间的情爱享受却刻薄。自己的爱人一变为了二嫂,本乡对于他便成了不可落脚的地方。20年的流浪使他遣走了青春,遣走了对故乡的怨恨,然后他携着原有的灵魂的光彩回到本乡来,而本乡却已惊讶地问"客从何处来"了。于是这灼热的光明自此不得不"从人群中退出,独自躲进想象的莽原上去消磨日子","机秘的灵魂",他的光明也变得机秘起来。

他不能生活在人类的情爱中时,畜性成了他的儿女,他秘深的燧石的热力不能经女人收贮,便贴附在猫、狗牲口的身上。他让"牲口在槽上慢慢地嚼",一连几个亲密的"嚼"像一条灼热的链子把这"小家庭"连为一体。抓是懂得生命、深悉情爱的。他是秘密的灵魂,只为他懂得生命与爱的秘密。他能够玲珑温细地和他的"姑娘"与"小儿"对话,但换了"废宅主人"做对象时,他却只有那捣衣槌样的:"不干了。"

"为什么呢?这又是!怎么早不说?""不为什么!就是不干了!"

这是在那"广大的原野"上产生的一位自然人,他在"这个为鸡毛狗争吵的世界"挑战式的生活着。他在这12篇小说所盖的广大原野上,为和合于那片原野的气质的人物,他是那里自然的空气,未经毒恶气围的掺杂。然而多可怜呀,这酸涩的作者,他所能给我们的这类人却少到几乎只有一二个!

《秋原》是一幅无因由的惨景,熠耀的阳光、丰饶的原野,无所而并不怀着恶意的人,似乎都与那要发生的残忍矛盾,在那里该发生的应该是满足和喜悦,歌唱同打闹,可是在中国这有毒的原野上偏偏不然。为"迫击炮弹"和"省油灯"两位地主兄弟所统治的地面,固宜是一切矛盾和残忍的肥壤,同时隔绝了的闭塞的乡村,弥漫起的无知和对陌生闯入者的猜忌更足以保障罪恶的发生。这种缺理性的罪恶正像那个豆丛中的汉子一般不知从何而来的,也不知要向何处去。他偶然抓住了豆丛里歇脚的那汉子,将他抛在地主退伍军人"迫击炮弹"手中,守着他被吊在"坟园里,吊了个鸭儿浮水。打得是皮开肉烂",最后才尽兴赏玩"他低垂着头,静静地注视脚尖,鞋脱落到旁边的草地上"。作者的冷静在这些地方通常是比较残酷。但他极深隽的幽默,却在于令那位做不成首领的二爷"省油灯",对哥哥"迫击炮弹"的行为,那本是他所要干的。提出抗议:"人家走路碍得你什么屁呀?值得邪许邪许!……""你们干得好,拿一个瘟种当土匪办,有明的官司!"他不明白所抗议的就是他自己,他不明白这抗议只是对于他自己的嘲笑,借着他的嘴说出一句适于那情景的反对话来是比之出于一张正义法律的嘴齐整严重得多,但这齐整严重却藏在气愤的笑声里面。

极可疑的是作者对于这张中原大野所持的态度。他开宗明义给人带了一篇毒咒,而结尾却是一场蔓延的大火。谁能保障他有什么好心!"这块地上有毒,绝子断孙,灭门断户,有毒!""你能叫……这庄基上能出麦来吗?……除了苴麻,你能修满房舍吗?像原先那样,在这有毒的地上!"他启示录式地诅咒着,于是他接着就数起罪状来。锈钉子毕四奶奶那是乡村地主家里特有的祸害。她不会生儿子却会咒、会骂,会降服丈夫，会吝啬，会"一个盆送掉两条命"，害死"小"和她初生的婴儿，结果她终于使自己的毒咒灵验，毕四爷虽有地位声势"从衙门的后门进去，前门出来"，被村坊尊为"万能"，却空有眼泪不能挽救自己脱离断子绝孙的命运。作者在这儿的判断是严峻的，令人疑惑四奶奶怎样能从他手下逃出，那样一个绝对的散毒的恶魔。他为什么要那样呢？性格的缺欠？心理的变态？财产的珍惜？他为什么？他是毫无顾虑的决绝的爱做一个青一色的魔妇？抑作者要取其诅咒得痛快呢？

痛快，作者对于它似有年轻人的嗜好。他为求其痛快，是喜欢放笔骂去的，自然他的骂全放在幽默里，可是他并不措意于令幽默隐掩他的骂，反之，他宁可让幽默为骂的副使做马后助势的工作。这情形各处都可见，愈是情景不对，令他看不上眼之处，他愈幽默，也即是愈骂。他这样使用了幽默虽难为了幽默一些，但他好像不在乎。为这一类的幽默，《路上》和《倦谈集》是领队的。《倦谈集》这名目就是作家在调侃他自己，自然这儿该有一点骂的意思，但他到底有些自爱，舍不得骂得太凶，故轻轻着一倦字，该不是吃得太肥而倦吧，然而牧师华盛顿不是老打着呵欠吗？"每天枪决一干人犯"值得称为"一款最好的建设"是不错的。首先它供给了"爱美的"老人以收藏和研究古董资料，又为本城训练了一个超等的枪毙手专家，这人可以"一气做掉十八个，连眼都不闪一下"，然而若把这建设的功用限于几个工人方面，作者提笔来颂美它未免多余。在那城市的景物上面，它造成人与自然的配合。炸开了的顶骨浮在轻夕阳所渲染的池塘上面，一浮一沉，杂在"荷的影，白云的影"中……与狗做着捉迷藏的把戏，增加了黄昏郊野的动态，凭空使那无福摸着艺术之门的两个学徒也享受到一种美的体验而"看得入迷"而"忍不住噗哧的一声笑"，这是一个免票公园的意义，这是生活的艺术化，是人类利用自然的奇功。最后这奇功达到了它所企图的目的，获得了牧师华盛顿身心变胖的结果，且得到了他的赏识，那赏识想来狗也是同样要施与的。因为"这里的狗（也）是吃得很肥的"。

当牧师在椅上打鼾的时候，倦谈者还不觉其疲倦反而兴奋地大发议论起来，令人颇觉其怪。作者终究是青年人，谈谈就情不自禁地要骂了，作兴他是要有以自别于牧师，但倦谈而睡却也是写体面东西时所需要的，也许不如说读者讲究体面，讲究局面的统一紧凑，情致气氛的谐和时，要作者睡去吧。但讲究这一套的人们已有相当肥厚的闲余了。

《酒徒》应该是《巨人》一型的文字和人物，可是幺宾那破产店主的影像似颇模糊。那里主要的仿佛在写着机械的火车破毁了乡镇之后所加于一个人的灾害，而较少写到幺宾自己。在这一册书中除作者无意去写的之外，所经描绘的人物大抵都是典型，确切的个人，若没有抓，好像就不易看见。在抓，也似乎只有那一段极精美的人和猫狗对话是唯一的烙印，印下了这个人。作者写人写物是中国水墨画的风味，是和西洋油画之心理人物妙肖浓重的纯为两路，至百顺街时则水陆杂陈蔚然大观而微觉平直与混乱，用意大约也不过只在于用一场大火去收拾一番而已。

芦焚不在颜色上做功夫，也不好做比喻。偶画几笔，似乎特意避免用譬辞，全赖景物自身的颜色传达它本质的美。这情景在《倦谈集》里描写浅湖之处有满足的表现，但他们得记住他在白描之中，也未曾应用刻画。他囫囵而笼统，一串复一串地将动作形色堆起来令其自成一番景物，散播在《秋原》里，在《毒咒》里，在《村中喜剧》里，在各处，几乎无处不是。他极爱好自然，对自然有隐癖的贪恋，不欲以人工的譬辞去损了它似的。

倘若中国的农村小说必有它的前途，芦焚正在试着一条中国的有些迷惑性的路径。这条路可以向晦塞诡僻回去，也可以把这个懵懂的尚不曾十分明白自己的民族性揭发出来。

（载《大公报》1937年6月20日）

编后记

李 辉

一

萧乾先生在代序中将自己对书评的倡导,喻之为"未完成的梦"。那么,我做的工作,仅仅是钻在故纸堆里,像村野间捕捉蜻蜓的顽童,捕捉他的"未完成的梦"的碎片。谁料想,当我把碎片一块块拼在一起时,却发现它并非如本人所讲的那样"残缺",而是一个极为完整的"梦"——比梦显然要实在得多。

二

且依萧老自喻,将他所作的工作分为梦的三部曲。

第一部曲:是他在大学期间精心编织的理论《书评研究》。此书1935年由商务印书馆出版后,从未再版过。这次收入时,请萧乾先生重新修订,在词句上略有修改,以符合当今读者的阅读习惯。为了比较完整地将原书面貌呈现于今天的读者面前,我没有听从萧乾先生的意见,固执地将原书中的附录四篇原样收入。依我看,这几篇小文不仅反映出作者当时对文艺现状的思考,同时也是对"书评研究"的一个补充。

第二部曲:作家、书评家、读者谈书评。这是萧乾竭力倡导书评的工作之一。他1935年自燕京大学毕业后,便到《大公报》编文艺副刊,为了倡导书评,他特地组织了有声有色的讨论,以"作家谈书评""书评家谈书评""读者谈书评"三组文章来为书评大造声势。

今天看来,诸多名家的议论,虽然有的不免带有各自的偏见,但总体而言,丰富了书评理论的探讨。

第三部曲:书评选萃。这是萧乾提倡书评为我们留下的显著成绩。他一方面在理论上探讨,一方面利用自己的阵地,在实践上努力耕耘。他组织起专门的书评队伍,如李影心、常风、宗珏、黄照、刘西渭等,又四方组稿,在短短一两年里,发表了大量有质量的书评,今天看来,这些书评给我们提供了宝贵的经验,也为现代文学研究留下了极为珍贵的资料。我们可以把它们当作范文品赏,也可以视为史料而寻觅出当年文坛的痕迹。从这个意义上说,对书评的理解,就不能仅仅局限于它的时效性。好的书评,如好的创作一样,同样具有长久的价值。在编选诸多书评时,我有意侧重收入带有批评性的书评,我们可以从中看到当时书评是如何争取保持客观性,对于当前书评界一味地赞誉之风,也许不失为一面镜子,一贴清醒剂。为了读者阅读的便利,我将各文标题规范化,对原题多有改动。

三

此书有它的新的意义，旧梦的追寻，也能给人新的回味。但人绝不是梦的依恋者，需要的是从梦中走出来，将昔日的梦化为今日的现实。在这个意义上说，我绝不是对萧乾旧梦的偏爱，而是设想着这本书的问世，会使更多的人，用踏踏实实的工作和丰硕的果实，来充实、来完成前辈们所未完成的"梦"——书评。

1987.12.5

精品栏目荟萃

《副刊面面观》

《心香一瓣》

《纽约客闲话精选集 一》

《多味斋》

《文艺地图之一城风月向来人》

《书评面面观》

《上海的时光容器》

《谈艺录》

《问学录》

《名人之后》

《纽约客闲话精选集 二》

《编辑丛谈》

《本命年笔谈》

《国宝华光》

《半日闲谭》

《云泥鸿爪一枝痕》

个人作品精选

《踏歌行》

《家园与乡愁》

《我画文人肖像》

《茶事一年间》

《好在共一城风雨》

《从第一槌开始》

《碰上的缘分》

《抓在手里的阳光》

《阿Q正传》

《风吹书香》

《书犹如此》

《泥手赠来》

《住在凉山上》

《老解观象》

《犄角旮旯天津卫》

《歌剧幕后的故事》

《色香味居梦影录》

《走读生》

《回家》

《武艺十八般》

《一味斋书话》

《收藏是一种记忆》

本书所收文章,由于年代久远,有些作者难以联系,请见到此书的作者,与编者直接联系。谢谢。

编者邮箱:lihui1956@vip.sina.com